Das große Buch der
Feste & Bräuche

Rituale, Rezepte und Dekorationen

FRÖHLICH
WEIDENWEBER

Inhalt

Mit Bräuchen leben 6

Brauchtum im Frühjahr   13

Den Winter austreiben 14
April, April 17
Ostern 18
Blütenfeste 26
Sagenumwobener Maibeginn 30
Symbolgebäck – Gebildbrote 34
Christi Himmelfahrt und Vatertag 38
Krautsamstag 41

Brauchtum im Sommer   43

Wasservogelsingen 44
Brunnenfeste 46
Pfingsten 48
Fronleichnam 54
Sonnwendbüscherl 56
Johannistag 58
Hochzeit 62
Schützenfeste 68
Wallfahrten 72
Mariä Himmelfahrt 76
Jahrmärkte 80
Richtfest 84

Brauchtum im Herbst   89

Frauendreißiger 90
Blütenfest in Wiesmoor 92
Dithmarscher Kohltage 94
Oktoberfest 98
Kirchweih 100
Latwerge kochen 102
Backofenfeste 104
Zoiglbier 106
Weinfeste 108
Erntedankfest 112
Allerheiligen und Allerseelen 118
Leonhardifahrt 120
Martinstag 122
Laternenumzüge 128
Andreastag 132

Brauchtum im Winter   135

Klöpfelnächte 136
Advent .138
Barbaratag 142
Nikolaustag 144
Luciafest 148
Bochselnacht 152
Weihnachten 154
Tag der unschuldigen Kinder 162
Silvester und Neujahr 164
Rauhnächte 172
Heilige Drei Könige 176
Lichtmess 178
Biikebrennen 182
Fastnacht 184
Valentinstag 188

Weiterführende Literatur 190
Über die Autorinnen 191
Impressum 191

Mit Bräuchen leben

Altes Brauchtum und Traditionen begleiten uns durch unser Leben. Dabei haben viele schöne Feste, die wir jedes Jahr feiern, ihren Ursprung in lange vergangenen Zeiten. Auf dem Land werden heute viele alte Bräuche noch gepflegt und zeigen uns, wie verwurzelt die Menschen mit ihrer Heimat und der Natur sind. Mit Sonnwendbuschen, Striezeln, Ostereiern und vielem mehr können wir dazu beitragen, dass das alte Brauchtum nicht verloren geht.

Brauchtum, Tradition, Sitten – Begriffe, die wir im 21. Jahrhundert (fast) immer mit der Vergangenheit in Verbindung bringen. Und wirklich waren der Alltag und das Leben der Menschen schon vor Hunderten von Jahren geprägt durch immer wiederkehrende Bräuche und Rituale.

Vieles hat sich mit der Zeit gewandelt, doch auch in unserem heutigen Jahreslauf finden sich bestimmte Bräuche und Traditionen, denken wir nur an die Feiern zum Jahresbeginn, Geburtstage, Hochzeiten, Weihnachten und Ostern. Sie strukturieren unseren Alltag und sind ein erfreulicher Anlass für gemeinsame Feste mit der Familie und mit Freunden.

Dass alte Bräuche und Rituale heute eine Renaissance erleben, liegt sicher auch daran, dass wir in der von Hektik und immer neuen Anforderungen geprägten Zeit nach unseren Wurzeln suchen.

Dem Wandel unterworfen

In früheren Zeiten waren die Menschen viel stärker mit der Natur verbunden. Für Wettergeschehnisse, Donner, Blitz und Hagel, für die Ernte und vieles andere mehr machte man Götter verantwortlich, die es galt, freundlich zu stimmen. Viele alte Bräuche haben sich aus diesen lange vergangenen Tagen heraus entwickelt und wurden lange Zeit gepflegt.

Mit der Christianisierung veränderte sich jedoch das Leben bedeutend. Heidnische Bräuche und Kulte wur-

den weitestgehend verboten, die kirchlichen Feiern und Feste rückten mehr und mehr in den Mittelpunkt. Viele der heute noch gepflegten Bräuche sind eine Mischung aus kirchlichem und heidnischem Gut. Sie sind in großem Maße geprägt vom Christentum, häufig aber in germanischen Riten verwurzelt. Bei den großen Festen Ostern und Weihnachten fällt besonders auf, dass sich Elemente der Bibel mit heidnischen Aspekten vermischt haben. Schnee und Tannenbäume gab es im Leben von Jesus Christus sicher nicht, und das Christkind hat auch nichts mit dem Kind in der Krippe zu tun.

Auch die rollenden Osterräder und Osterfeuer, die heute in ländlichen Gebieten wieder viele Menschen anlocken, sind ein gutes Beispiel dafür. Sie galten in vorchristlicher Zeit als Symbol für die wiederkehrende Sonne und den Frühling. Gleichzeitig sollen sie aber auch die Auferstehung Jesu symbolisieren. So haben die heute noch erhaltenen Bräuche immer wieder Wandlungen erfahren und sind ein Spiegelbild der jeweiligen Kultur.

Die Mischung von Heidnischem und Christlichem war in vielen Fällen auch eine Art Notlösung für die Kirchen. Die Menschen hielten an ihren Bräuchen fest und wollten sie sich nicht verbieten lassen. So wurden viele heidnische Feste und Feiertage einfach umfunktioniert.

RECHTS: Ostereier können mit Pflanzen natürlich gefärbt und mit filigranen Blättern verziert werden.

Reformation und Aufklärung

Vor allem in ländlichen, katholischen Gegenden in Süddeutschland und Österreich werden noch viele Bräuche gelebt und gepflegt. In protestantischen Regionen ist das oft nicht mehr so stark der Fall. Der Grund hierfür ist vor allem in der Reformation zu suchen, denn das katholische Brauchtum war den evangelischen Christen streng untersagt.

Eine ähnliche Entwicklung konnte man insgesamt auch während der Aufklärung beobachten. Viele Prozessionen oder auch das Aufziehen einer Christusfigur in das Kirchengewölbe an Christi Himmelfahrt waren dazu da, den Menschen auf spielerische Art biblische Geschichten näherzubringen. Zu Zeiten der Aufklärung war man jedoch der Meinung, das Volk müsse nicht belehrt werden. Und so wurden Hunderte von Prozessionen abgeschafft und nur einige wenige erhalten.

Heimat und Geborgenheit

Wir besinnen uns viel stärker als früher auf das Leben und die Dinge, die unseren Großeltern wichtig waren. Heimatverbundenheit und auch ein Stück Geborgenheit sind uns wichtig geworden. Früher war nicht alles besser, aber die Menschen hatten mehr Zeit füreinander, es gab kein Fern-

UNTEN: Der Sommer duftet nach gedroschenem Getreide und ist für Kinder eine ganz besonders schöne Jahreszeit.

RECHTS: In Österreich zeigt das bunt geschmückte Rad einen Buschenschank an. Hier wird zu bestimmten Zeiten selbst gekelterter Wein ausgeschenkt.

sehen und Internet, nicht Maschinen, sondern Menschen erledigten die Arbeit auf dem Feld und im Stall. Es waren schwere Zeiten, und dennoch waren sie ruhiger – und nach dieser Ruhe sehnen wir uns manchmal.

Die vielen Bräuche aus Kinder- und Jugendtagen sind bei uns noch sehr präsent und wir erinnern uns gerne daran. Das Warten auf das geheimnisvolle Glöckchen, wenn das Christkind die Kerzen am Weihnachtsbaum angezündet hat und die Kinder endlich ins Weihnachtszimmer dürfen, die Ostereiersuche, das Backen von Seelenwecken – das alles sind Kindheitserinnerungen, die uns verwurzelt haben, die uns »erden«, wie man heute so schön sagt, und ein Gemeinschaftsgefühl geben, nicht nur in der Familie, sondern auch im Dorf bei den gemeinsamen Festen.

Es ist wichtig, dass Kinder die Geheimnisse so mancher Bräuche erfahren und spüren, dass nicht alles selbstverständlich ist. Dankbarkeit und Freude sind wichtige Bestandteile in unserem Leben, die auch in alten Bräuchen gelebt und gezeigt werden.

Leben auf dem Land

Viele alte Bräuche sind vor allem auf dem Land noch gegenwärtig. Natürlich wird so manches ein wenig verherrlicht, und nicht immer ist das Landleben so romantisch, wie das viele Zeitschriften vorgaukeln. Doch die Menschen auf dem Land sind einander verbundener, man kennt sich und meistens achtet man auch aufeinander. Das Vereinsleben ist häufig noch intakter als in den Städten, und Bräuche und Traditionen sind meist nur in der Gemeinschaft erlebbar.

Gerade in bäuerlichen Gegenden ist ein reiches Brauchtum zu verzeichnen. Die Verbundenheit mit der Natur, aber auch die Abhängigkeit vom Wetter lässt die Menschen viel mehr spüren, dass sie nicht alles in der Hand haben und zu ihrem Vorteil nutzen können. Die Dankbarkeit, die am Erntedankfest zum Ausdruck kommt, ist ein gutes Beispiel dafür.

So manches Brauchtum leidet allerdings unter einer starken Kommerzialisierung. Wenn Tausende zur Allerheiligenkirmes kommen, verblasst der Ursprung des Brauches mehr und mehr. Anderseits machen gerade solche großen Ereignisse wieder aufmerksam auf Traditionen aus vergangenen Tagen.

Die Zusammenhänge erkennen

Es ist schön, die großen Feste wie Weihnachten und Ostern zu feiern. Aber erst mit dem Wissen um ihre Ursprünge können wir sie intensiver erleben und einen Zusammenhang zwischen dem Leben unserer Vorfahren und unserem eigenen herstellen. Das sind die Wurzeln, die wir suchen und brauchen – in alten Bräuchen sind sie lebendig!

LINKS: Bei Laternenumzügen dürfen Kinder mit ihren selbst gebastelten Laternen bei Dunkelheit durch den Ort ziehen.
RECHTS: Nichts schmeckt besser als die ersten Plätzchen zur Weihnachtszeit.

Brauchtum im Frühjahr

Von Ostern, Blütenfesten und Symbolgebäck

Den Winter austreiben

Mit Ende der kalten Jahreszeit und zu Beginn der hellen Tage werden seit je Feste gefeiert, um den Winter auszutreiben. Es sind uralte Traditionen und Bräuche, die vor allem in verschiedenen Regionen Mittel- und Osteuropas noch immer gepflegt werden und der Sehnsucht der Menschen nach Wärme und Licht Ausdruck verleihen.

Winter ade

In vorchristlicher Zeit bis ins Mittelalter hinein kannte man nur zwei Jahreszeiten: den Sommer und den Winter. In den langen und dunklen Wintermonaten gab es nur wenig zu essen, die Vegetation ruhte und das Leben war sehr beschwerlich. Die Nahrungsvorräte wurden zum Winterende immer spärlicher – nur der Sommer konnte die Speise- und Kornkammern wieder auffüllen. Die Menschen sehnten jedes Jahr aufs Neue das Ende des Winters herbei, der oft viel Leid und auch Tod mit sich brachte. Das ist wohl auch der Grund dafür, dass mancherorts das Winteraustreiben als Todaustreiben bezeichnet wird. Der Sommer brachte Früchte der Natur hervor und beschenkte die Menschen mit allem Nötigen zum Leben. Heute, wo Nahrungsmittel das ganze Jahr über in Hülle und Fülle zur Verfügung stehen, vergessen wir oft, dass das nicht immer so war.

In welchen Festen und Ritualen das Winteraustreiben letztendlich seinen Ursprung fand, im slawischen Frühlingsfest beispielsweise oder im germanisch-keltischen Kultbrauch, ist bis heute nicht ganz klar. Ursprünglich wurde das Fest am ersten Tag des zweiten Monats im Jahr gefeiert. Heute wird dem Winter meist drei Wochen vor Ostern oder am Samstag vor Ostern der Garaus gemacht. Die zeitliche Nähe zum Osterfest deutet dabei auch auf den christlichen Einfluss hin.

Osterfeuer, brennende Räder, Puppen

Es ist nicht ungewöhnlich, dass die Ursprünge so weit in die Vergangenheit zurückreichender Bräuche heute nicht mehr genau nachzuverfolgen sind. In ländlichen Gegenden wurden sie jedoch bis heute aufrechterhalten und sind in manchen Regionen zu bedeutenden Festen geworden, die zahlreiche Zuschauer anlocken.

Immer ist beim Winteraustreiben Feuer im Spiel, das in Urzeiten von elementarer Bedeutung war. Als der Mensch vor etwa einer Million Jahren lernte, Feuer zu machen und zu kontrollieren, brachte es Wärme und Licht, vertrieb wilde Tiere und machte Fleisch besser

verträglich und schmackhafter. Dass die Menschen Feuer einsetzten, um den Winter auszutreiben, ist deshalb mehr als verständlich. Sicher ist es noch ein uralter Instinkt, der uns fasziniert ins Feuer blicken lässt. Es hat noch immer eine eigentümliche Anziehungskraft – früher wie heute.

Häufig sind es Osterfeuer, die die bösen Geister des Winters austreiben sollen und gleichzeitig in der christlichen Tradition die Auferstehung Jesu symbolisieren. Im Vorarlberg heißen sie übrigens »Funkenfeuer« und werden fast in jedem Ort als Volksfest gefeiert. Zur alten Tradition zählt es auch, den Winter in Form einer enormen Strohpuppe als Riesen darzustellen. Diese wird erst durch den Ort getragen und anschließend verbrannt.

Sommergewinn in Eisenach

Auch in Eisenach kennt man den Brauch des Winteraustreibens. Die erste schriftliche Erwähnung findet sich bereits vor 300 Jahren. Es gehörte damals zum Brauchtum, große brennende Räder von den nahe gelegenen Berghängen zu rollen. Dabei versuchten junge Männer, etwas von dem Feuer einzufangen, um zu Hause damit das Herdfeuer zu entflammen. Es hieß, auf diese Weise würden die bösen Geister durch den Schornstein verjagt.

Herdfeuer gibt es heutzutage kaum noch, und ob es böse Geister gibt, ist mehr als zweifelhaft. Doch wie die Menschen im Mittelalter sehnen auch wir den Frühling, die Sonne und die Wärme herbei. Das ist sicher ein Grund, warum der Sommergewinn in Eisenach zum größten Frühlingsfest Deutschlands avanciert ist und Tausende von Menschen anlockt.

Das Lied zum Winteraustreiben

Frühlingszweige trag ich,
den Winter den verjag ich!
Den Frühling hol ich ein,
bald wird es Ostern sein.

Drei Wochen vor Ostern kommt es auf dem Marktplatz der thüringischen Stadt nach einem wunderschönen Festumzug zum traditionellen Streitgespräch zwischen Frau Sunna und Herrn Winter. Es ist gut zu wissen, dass als Sieger aus diesem Disput immer Frau Sunna hervorgeht. Auch in Eisenach wird eine große Strohfigur entzündet und Frau Sunna ruft voller Freude: »Seht nur, ihr Menschen, der Winter – er brennt! Und wir sind Sieger geblieben!«

Die Rückkehr des Frühlings und das Ende der kalten Jahreszeit wird in Eisenach mit Begeisterung gefeiert. Am Ende kommt noch einmal das Feuer ins Spiel. Weil aber der böse Winter bereits vertrieben wurde, symbolisiert nun das brennende Feuerrad die Sonne, die Licht und Wärme bringt.

UNTEN: Ohne Anfang und Ende: Brezeln symbolisieren den stetigen Wechsel der Jahreszeiten.

Traditionsreiche Symbolik

Drei Symbole sind den Eisenachern beim Sommergewinn lieb geworden und haben eine ganz alte Tradition: Hahn, Ei und Brezel. Überall in der Stadt, in der Festschrift und am Sommergewinnsdenkmal trifft man auf die drei Zeichen. Der Hahn symbolisiert die aufgehende Sonne, das mit Binsen verzierte Ei gilt als Sinnbild der Fruchtbarkeit und die Brezel steht für das stets Wiederkehrende – und dazu gehören auch die Jahreszeiten!

Kinder lieben Rituale

Auch der Winter hat für uns seinen Reiz; das wissen vor allem Kinder, die sich beim Schlittenfahren vergnügen und bei so mancher Schneeballschlacht. Doch auch die Kleinen spüren den nahenden Frühling, die warme Luft, die langsam erwachende Natur. Wer eine Feuerschale oder eine Feuerstelle hat, kann mit der Familie, mit Kindern und Freunden den Winter im eigenen Garten bei einem kleinen Fest austreiben.

April, April

»April, April!«, kann man in allen Teilen Deutschlands und auch in vielen anderen europäischen Ländern am ersten Tag des Monats hören. Der Brauch, Menschen in den April zu schicken, ist uralt und überaus beliebt. Familienmitglieder, Freunde, Arbeitskollegen – wer nimmt sie nicht gerne mal »aufs Korn« und freut sich, wenn der Scherz gelingt.

Woher der Aprilscherz stammt, liegt völlig im Dunkeln. Bis zurück in die Antike reichen die Vermutungen, denn bereits im alten Rom soll es ein Narrenfest mit verschiedenen Späßen gegeben haben. Dass die im 16. Jahrhundert durchgeführte Kalenderreform für einige Verwirrung sorgte und so als Ursprung der lustigen Neckereien angesehen werden könnte, scheint aber am plausibelsten. Bis zu dieser Reform war der 1. April der Jahresbeginn, der dann auf den 1. Januar verlegt wurde. Nicht jeder konnte sich damit anfreunden und manche vergaßen schlicht die Änderung und wurden so zum Gespött.

Die Zeitungsente

Schriftlich belegt ist der Brauch, »jemanden in den April zu schicken«, erstmals in Bayern Anfang des 17. Jahrhunderts. Bereits Ende des 18. Jahrhunderts machten sich die ersten Zeitungen einen Scherz daraus, ihre Leser »an der Nase herumzuführen«. Legendär ist dabei die Behauptung, Hühner könnten ihre Federfarbe wechseln wie Chamäleons, man müsste nur die Wände des Hühnerstalls verschieden farbig anstreichen, um sich davon zu überzeugen.

Lachen ist gesund

Eigentlich ist es ganz egal, woher der Brauch stammt. Lachen ist gesund und macht glücklich, und bekanntlich ist Schadenfreude die beste Freude. Es kann also auf keinen Fall schaden, lieben oder auch weniger lieben Menschen einen harmlosen Streich zu spielen. Und wenn Sie selbst Opfer einer kleinen Neckerei werden sollten, nehmen Sie's mit Fassung.

Für Aprilscherze gibt es unzählige Ideen. »Autonarren« freuen sich zum Beispiel über einen Zettel hinter der Windschutzscheibe mit der Aufschrift: »Entschuldigung, ich habe Ihr Auto etwas zerkratzt.« Es macht sicher Spaß zu beobachten, wie genau das Auto nach dem Kratzer abgesucht wird. Auch Salz auf der Zahnbürste kommt bei Familienmitgliedern immer gut an.

UNTEN: Erwachsene »in den April zu schicken«, macht Kindern besonders viel Spaß.

Ostern

Rund um das Fest im Frühling ranken sich viele Bräuche. Die Osterzeit ist voller Symbolik und Traditionen, die noch heute gepflegt werden. Ostern steht in enger Verbindung mit der erwachenden Natur. Nach der »dunklen« Karwoche ist es ein schöner Brauch, das Osterfest in der Familie mit einem bunten Osterfrühstück, Ostereiersuchen und -werfen und vielen anderen Ritualen zu begehen.

Ostern – das sind nicht nur zwei Tage im März oder April, sondern mehr als eine Woche, die voller christlicher Symbolik steckt. Und tatsächlich ist das Osterfest das höchste und zugleich älteste Fest der Christenheit. Der Ursprung des Namens ist dabei recht ungewiss, und auch wenn häufig die Göttin Ostara ins Spiel gebracht wird, so ist es doch wahrscheinlicher, dass das gallo-fränkische Wort »austro« hier Pate stand. »Austro« bedeutet so viel wie Morgenröte, und gerade am Ostermorgen begrüßte man still und voller Dankbarkeit die aufgehende Sonne. Noch heute werden in katholischen und evangelischen Kirchen am frühen Sonntagmorgen, mit Beginn des Sonnenaufgangs, Gottesdienste gefeiert.

Dass das Fest so voller Leben und Farbe ist, Ostereier eine große Rolle spielen, verschiedene Speisen und Bräuche traditionell gelebt werden, hat seine Ursprünge auch in der vorchristlichen Zeit, in der Frühlingsfeste eine große Bedeutung hatten.

Wann ist eigentlich Ostern?

Jedes Jahr ist Ostern an einem anderen Wochenende, und das hat seinen Grund, denn für die Christen war und ist das Datum der Auferstehung Jesu maßgebend für das Fest. Nach der Überlieferung soll Christus in den Tagen des jüdischen Pessachfestes auferstanden sein. Deshalb wurde das Fest auf den Sonntag nach dem ersten Vollmond im Frühling gelegt. Da das Frühjahr immer an der Tagundnachtgleiche seinen Anfang nimmt, ist der früheste Termin für Ostern der 22. März, der späteste der 24. April.

Ostern beginnt mit dem Ostersamstag. Doch damit das Fest der Auferstehung Christi überhaupt gefeiert werden kann, muss in der Karwoche vor dem eigentlichen Fest an das Leiden und Sterben Christi gedacht werden.

Die Karwoche nimmt ihren Beginn mit dem Palmsonntag. Als Jesus, auf einem Esel sitzend, in Jerusalem einzog, jubelten die Menschen ihm entgegen und bedeckten seinen Weg mit Palmwedeln. Im Gedenken daran werden noch heute vielerorts am Palmsonntag in den katholischen Kirchen Sträuße aus Weidenkätzchen, Buchsbaum, Eibe, Thuja oder Wacholder in der Kirche geweiht.

Man nennt die kleinen Sträuße Palmbuschen, denn sehr häufig werden sie aus Weidenkätzchen gebunden, die mancherorts auch Palmkätzchen heißen. In manchen Regionen finden auch Palmprozessionen wieder mehr öffentliches Interesse. Viel Kreativität und Mühe wird dabei in die Anfertigung der Palmbuschen gelegt. Dabei werden lange Stäbe mit immergrünen Zweigen – Buchs eignet sich dafür besonders gut – umwickelt und dann kunstvoll mit Bändern und bunten Eiern dekoriert werden.

♦ Selbermach-Idee ♦
Palmbusch-Variationen zu Ostern

In verschiedenen Gegenden Österreichs werden die Palmbuschen folgendermaßen angefertigt: Um einen Haselstecken wird Laub von Thuja, Buchsbaum und Weide mithilfe eines Bindedrahts gewickelt. Dazu kommen noch bunte Bänder, an die manchmal auch kleine Brezeln gebunden werden. Nach der Weihe stecken die Bäuerinnen die Buschen dann in den Garten.

Ein kleiner oder auch größerer Strauß aus Weidenkätzchen schmückt jeden Tisch und jede Ecke, zumal es sehr viel Freude bereitet, die Zweige zu schneiden. In einer Vase mit etwas sauberem Wasser halten sie einige Wochen und künden den Frühling an. Hängen Sie doch am Ostersamstag an diese schönen Zweige einige ausgeblasene und bunt bemalte Ostereier.

Für den Osterfrühstückstisch können Sie auch kleine Palmbuschen binden und die Sträuße mit schönen bunten Bändern schmücken. Legen Sie auf jeden Teller ein kleines Sträußchen, das sich dann jeder Gast mit nach Hause nehmen kann.

Symbolkräftiges Grün

Der erste »besondere« Tag der Karwoche ist der Gründonnerstag. An diesem Tag gibt es nicht nur in ländlichen Regionen etwas »Grünes« zu essen. Das frische und saftige Grün der ersten Kräuter im Garten und in der freien Natur bietet sich ja auch einfach an für die leckersten Gerichte. Dabei hat der Name »Gründonnerstag« zunächst erst einmal gar nichts mit der Farbe zu tun, denn das Grün wird eigentlich vom Wort »Greinen« abgeleitet, was so viel wie »Weinen« bedeutet und der Wehklage über den Beginn von Jesu Leidensweg Ausdruck verleihen soll.

UNTEN: Ein typisches Gründonnerstagsgericht ist die hessische Grüne Soße.

Trotzdem hat es sich in vielen Jahrhunderten eingebürgert, am Gründonnerstag ein regionaltypisches Gericht zu essen. Bekannt ist die Frankfurter Grüne Soße aus Hessen. Andernorts gibt es Schnittlauchsoße mit Eiern oder auch Spinatsoße mit Eiern und Kartoffeln. Typisch für ländliche Regionen ist auch eine Kräutersuppe, die aus neun frischen Wild- und Gartenkräutern zubereitet wird, darunter Gänseblümchen, Brennnesseln, Sauerampfer und Löwenzahn.

♦ Rezept-Idee ♦
Hessische Grüne Soße

Wenig Licht, kalte Temperaturen und überhitzte Räume verlangen unserem Körper im Winter schon einiges ab. Da lechzen wir im Frühjahr geradezu nach neuer Kraft. Frische Luft und eine vitaminreiche Ernährung bringen unseren Körper wieder auf »Vordermann«. Wild- und Gartenkräuter stehen deshalb wieder ganz »hoch im Kurs«. Auf dem Land beginnt die Frühjahrskur mit den leckeren Rezepten zu Gründonnerstag. Natürlich dürfen Sie die Gerichte auch mit weniger Kräutern zubereiten; Ihrer Fantasie sind da keine Grenzen gesetzt.

Zutaten für vier bis sechs Personen
Frische Kräuter (Pimpinelle, Kresse, Kerbel, Schnittlauch, Petersilie, Borretsch und Sauerampfer) ¦ 500 g Quark ¦ 400 g Schmand ¦ Etwas Milch ¦ Salz nach Belieben ¦ 2 hart gekochte Eier pro Person

Die Kräuter fein hacken, Quark, Schmand etwas Milch und Salz zu einer glatten Masse verrühren. Die gehackten Kräuter unter die Quarkmasse ziehen und die halbierten Eier in die Soße legen. Dazu werden Pellkartoffeln gereicht.

Eine fertige Kräutermischung für die Frankfurter Grüne Soße mit den sieben Kräutern gibt es übrigens auch im Supermarkt oder auf dem Markt zu kaufen.

Traditionen und Bräuche am Karfreitag

Es ist der Tag der Kreuzigung Jesu, der in ganz Deutschland, Österreich und vielen anderen Ländern als ruhiger und besinnlicher Tag begangen wird. In katholischen Gegenden Bayerns ruhen die Kirchenglocken bis zum Ostersonntagmorgen und die sogenannten Gärrbuben rufen mit besonderen Holzklappern die Gläubigen in die Kirche.

Diesem so hohen Feiertag wohnte von jeher eine ganz eigene Stimmung und Mystik inne, die sich auf besondere Weise entfaltete. Dem Karfreitag wird eine besondere Segenskraft nachgesagt. Eier, die am Karfreitag gelegt werden, so glaubte man früher, verfaulen nicht, sondern trocknen ein. Und Kräuter, die am Karfreitag gepflückt werden, sind voller Heilkraft. Aus diesem Grund wurden Kräuterkränze gebunden und an die Türen der Häuser gehängt. Dieser schöne Brauch ist fast in Vergessenheit geraten, dabei aber so schön, dass es sich lohnt, ihn wieder aufleben zu lassen.

Auch dem Karfreitagswasser, von jungen Mädchen vor dem Sonnenaufgang aus einem nahen Bach gegen die Strömung geschöpft, wurden heilende Kräfte nachgesagt, vor allem bei Hautkrankheiten. Die Mädchen durften allerdings beim Wasserholen nicht sprechen oder lachen. In manchen Gegenden ist dieser Brauch, der häufig am Ostersonntag seine magischen Kräfte entfalten soll, wieder aufgelebt. Wie nah christliche und heidnische Bräuche beieinanderliegen und wie sie sich im Laufe der Jahrhunderte miteinander vermischt haben, wird vor allem an diesen Osterbräuchen deutlich.

Traditionell wird am Karfreitag, als dem höchsten Fastentag, ein Fischgericht zu Mittag gegessen. In unterfränkischen Gegenden ist es ganz einfach Brathering mit Pellkartoffeln, andernorts kommt Forelle auf den Tisch. Doch wichtiger als die Fischart ist die Bedeutung an sich, denn der Fisch ist eines der ältesten christlichen Symbole. Gerade auf dem Land essen viele ältere Menschen auch heute noch jeden Freitag Fisch, als Andenken an das Leiden und Sterben Jesu.

♦ Selbermach-Idee ♦
Kräuterkränze selbst binden

Kräuterkränze können einfach hergestellt werden und sind etwas ganz Besonderes, nicht nur als Türkranz, sondern auch als österlicher Tischschmuck. Es werden lediglich einige Haselzweige benötigt, eine Sträucherschere und Bindedraht. Pflücken Sie Gänseblümchen, Veilchen und erste grüne Kräuter im Garten. Die Stängel werden mithilfe des Bindedrahts zu kleinen Sträußchen gebunden. Biegen Sie die Haselzweige zu einem Kreis und wickeln Sie die Blüten und Kräuter dann an den Haselkranz.

Rund ums Ei

Schon in der Antike soll es gesegnete Eier gegeben haben, die als Schutz vor allem Bösen in die Häuser gelegt wurden. Die Bedeutung des Ostereis lässt sich sicher auch aus heidnischen Bräuchen ableiten. Schon immer ist das Ei als Fruchtbarkeitssymbol auch ein Beweis für neues erwachendes Leben. Aus der österlichen Tradition ist es deshalb nicht mehr wegzudenken: Die Eierschale als Symbol für das Grab, aus dem das neue Leben entspringt.

Meist werden auf dem Land ab Gründonnerstag Ostereier gefärbt. Es gibt ganz verschiedene Techniken,

Namensdeutung

»Die Karwoche« – dieser Begriff ist heute noch vielen Menschen geläufig und wird eindeutig mit Ostern in Verbindung gebracht. Doch was bedeutet das Wort »Kar« eigentlich? Im Mittelhochdeutschen und im Althochdeutschen ist »Kar« oder »Chara« gleichbedeutend mit Wehklage und Trauer.

und besonders mit Kindern macht das Bemalen und Verzieren großen Spaß. Früher durfte man in der 40-tägigen Fastenzeit kein Ei essen – verständlich, dass sich die Menschen auf den Ostersonntag und die Ostereier sehr gefreut haben. Schon im 16. Jahrhundert kam der Brauch auf, die bunten Eier auch zu verschenken, und es entwickelten sich ganz unterschiedliche Verziertechniken: Kratzen, Ätzen, Batiken, Bemalen und Bekleben.

♦ Selbermach-Idee ♦
Ostereier mit Pflanzen färben

Mithilfe von Zwiebelschalen, Johanniskraut, Schwarztee und Kaffee, Rotkohl und vielen anderen natürlichen Materialien können Eier gefärbt werden. Die Farben werden nicht so intensiv, eher pastellfarben mit einem schönen warmen Ton. Viele dieser Naturfarben bekommt man in der Apotheke, Zwiebelschalen, Kaffee, Tee und anderes hat man meist sowieso im Haushalt vorrätig.

Johanniskraut: hellgelb bis hell
Birkenblätter, Kamille: gelblich grün
Kurkuma: goldgelb
Zwiebelschalen: braungelb
Tee, Kaffee: braun
Heidelbeere, Rotkohl: violett

Verwenden Sie für das Färben einen oder mehrere alte Töpfe. Je nach Material werden die Naturstoffe etwa 20 bis 40 Minuten aufgekocht. Der Sud wird dann durch ein Sieb in einen alten Kochtopf abgegossen. Die zu färbenden Eier kocht man 10 Minuten in der Farbflüssigkeit. Mit einem Schuss Essig werden die Farben intensiver und auch die Zugabe von einer kleinen Menge

LINKS: Wunderschön sind natürlich gefärbte und dekorierte Ostereier.
RECHTS: Kinder können beim Bemalen der Ostereier helfen.

Alaun oder Pottasche lohnt sich, denn nicht immer nehmen die Eier die Farbe gut an.

Zusätzlich können Sie Abdrücke von Blättern auf die Eier bringen; das sieht dann besonders schön aus. Dazu sammelt man einige Farnblättchen oder kleine Blüten, fixiert sie vorsichtig auf dem Ei und zieht dann über das Ei einen alten Nylonstrumpf. An beiden Enden wird der Strumpf fest zusammengedreht, damit das Blättchen nicht verrutscht. Dann wird das Ei wie oben beschrieben im Sud gekocht.

Kunstvolle Osterbrunnen

Wahrscheinlich ist es auf die armen Verhältnisse der Bevölkerung zurückzuführen, dass in verschiedenen ländlichen Regionen Osterbrunnen geschmückt wurden. Ursprünglich stammt der Brauch aus der Fränkischen Schweiz. Die Menschen litten aufgrund ihrer geologischen Lage seit je unter Wassermangel. Häufig im Jahr musste unter großen Mühen das Wasser von weit her transportiert werden. Als großes Zeichen der Wertschätzung wurden am Ostersamstag die örtlichen Brunnen gesäubert und dann kunstvoll geschmückt.

♦ Rezept-Idee ♦
Osterlamm

Eine schöne Sitte ist in vielen ländlichen Gegenden, bunt bemalte Ostereier an einen Weiden- oder Haselstrauch zu hängen. Dazu werden die Eier zuvor ausgeblasen. Der Inhalt wird dann für die Osterbäckerei genommen, zum Beispiel für das Osterlamm. Gebildbrot (siehe Seite 34) nennt man übrigens das traditionelle Hefegebäck, das zu den verschiedenen Festtagen gebacken wird. Das klassische Osterlamm ist aus Rührteig. Empfehlenswert ist eine spezielle Form, in die der Teig gefüllt werden kann.

Zutaten

50 g Butter oder Margarine ¦ 1 Prise Salz ¦ 2 Päckchen Vanillezucker ¦ 130 g Zucker ¦ 4 Eier (Größe M) ¦ 150 g Mehl ¦ 150 g Speisestärke ¦ 150 g gemahlene Haselnüsse ¦ 1 Päckchen Backpulver ¦ Fett und Mehl für die Form ¦ Puderzucker zum Bestäuben

Butter, Salz, Vanillezucker und Zucker mit dem Handrührgerät aufschlagen, bis eine cremige Masse entsteht. Die Eier nacheinander unterrühren. Mehl, Stärke, Haselnüsse

LINKS: Das Osterlamm gehört traditionell zum Osterfrühstück.

und Backpulver mischen und unterrühren. Die Backform einfetten und mit Mehl ausstäuben. Den Teig einfüllen und im vorgeheizten Backofen bei 175 Grad etwa 50 Minuten backen.

Nach der Backzeit auf ein Kuchengitter setzen, etwa eine halbe Stunde ruhen lassen, aus der Form nehmen und auskühlen lassen. Eventuell muss der Boden gerade geschnitten werden. Das Lamm mit Puderzucker bestäuben.

Endlich Ostern

Am Ostersamstag wird gesäubert, geschmückt und geputzt. Alle richten sich für den sonntäglichen Festtag. Die Kinder dürfen nun ihre Osternester bauen und im Garten platzieren. Größere Kinder sammeln mit den kleineren in einem großen Korb Moos und bauen daraus kleine Nester. Am Ostermorgen wird der »Osterhase« – Mutter oder Vater – bunte Eier und kleine Geschenke hineinlegen, die vor oder nach dem Osterfrühstück gesucht werden.

Es gibt in den verschiedenen ländlichen Regionen viele unterschiedliche Bräuche, den Ostertag zu begehen. Fester Bestandteil ist natürlich der Kirchgang. Im hessischen Morschen gehen Familien nachmittags beim Osterspaziergang auf eine große Wiese, wo ein Ostereier-Weitwurf stattfindet. Andernorts ist das Eierrollen bei Kindern beliebt. Die Eier werden nach dem Startschuss einen kleinen Abhang hinuntergerollt, und der Spieler, dessen Ei es am weitesten schafft, bekommt alle Eier seiner Mitspieler.

Ostereiertitschen oder Ostereierdotzen wird noch immer gerne in Süddeutschland, Österreich und der Schweiz gespielt. Dabei geht es darum, wer das härteste Ei besitzt. Immer zwei Spieler schlagen ihre Eier mit den Spitzen und runden Enden gegeneinander. Gewonnen hat derjenige, dessen Ei bis zuletzt heil bleibt. Kleiner Tipp: Je spitzer das Ei, desto besser hält es.

Blütenfeste

Endlich Frühling! Für die lang ersehnte Jahreszeit gibt es wohl keine schöneren Boten als die Blüten von Blumen, Sträuchern und Bäumen. Und so begrüßt man mit Blütenfesten in vielen Dörfern und Regionen die zunächst zaghaften, später überbordenden Farben und Düfte, mit denen die Natur definitiv das Ende des Winters einläutet.

Vielerorts sind duftende, leuchtende Blüten nicht nur schöne Zier, an der sich die Herzen erfreuen, sondern auch unabdingbare Voraussetzung für eine reiche Ernte. Mit großem Stolz, bei angekündigten Spätfrösten allerdings mitunter auch sorgenvoll blicken die Bewohner der großen Obstanbaugebiete auf Abermillionen weißer und rosafarbener Blüten von Apfel- und Birnbäumen, Zwetschgen- und Kirschbäumen. Ob im Alten Land an der Elbe, im rheinländischen Meckenheim, in der Wetterau in Hessen, im Havelland, in der Pfalz, der Steiermark oder in Südtirol: Überall werden zu Ehren der schönen Frühlingsboten Feste gefeiert und oft auch Blütenköniginnen gekürt.

Blütenfeste im Alten Land und Havelland

Im Alten Land in der Elbmarsch, südlich von Hamburg, wachsen auf mehr als 10 000 Hektar Anbaufläche vor allem Apfelbäume. Sie machen zusammen mit den dazwischen stehenden Kirschbäumen einen Besuch des Alten Landes zur Blütezeit zu einem zauberhaften Erlebnis für die Sinne. Das Blütenfest am ersten Maiwochenende wird mit einem bunten Programm gefeiert, zu dessen Höhepunkt die Krönung der Blütenkönigin gehört. In traditioneller Altländer Tracht ist sie rund ums Jahr eine wichtige Repräsentantin der jahrhundertealten Obstbauregion.

Bis ans Ende des 19. Jahrhunderts reicht die Tradition des Werder Baumblütenfests zurück, das alljährlich Ende April oder Anfang Mai neun Tage lang gefeiert wird. Viele der Obstbauernhöfe im Havelland laden dann zum Besuch ein. Vom milden Klima verwöhnt gedeihen in und um Werder nicht nur Obstbäume, sondern auch Erdbeeren, diverse Beerenfrüchte und Spargel prächtig.

Kirsch- und Rapsblütenfeste

Die Tradition japanischer Kirschblütenfeste, die im »Land der aufgehenden Sonne« viele hundert Jahre alt ist, hat sich auch in einigen deutschen Städten etabliert – vor allem dort, wo Partnerschaften zu japanischen Städten

bestehen. In Japan wird jeder Blüte eine Fee zugeordnet, wobei die Fee der Kirschblüte als besonders heilig gilt. Ihr zu Ehren feiert man zum Beispiel in Hamburg, wo die japanische Gemeinde in den vergangenen Jahrzehnten unzählige Kirschbäume pflanzte, mit einem großen Feuerwerk über der Alster Ende Mai ein Kirschblütenfest.

Vor allem in den norddeutschen Bundesländern wird alljährlich im Mai auch die Rapsblüte mit Sehnsucht erwartet. Unter anderem auf der Ostseeinsel Fehmarn geben dann die leuchtend gelben Blütenfelder den Anlass für ein großes Fest mit Musik und Tanz.

Krokusfeste

Mancherorts werden bereits die allerersten Frühlingsboten mit einem Fest begrüßt. In Husum an der Nordseeküste verwandeln mehr als vier Millionen Krokusse Ende März bis Anfang April den Schlosspark der Theodor-Storm-Stadt in ein lilafarbenes Blütenmeer. Diese einmalige Pracht in Norddeutschland lockt alljährlich unzählige Besucher, die sich bei oft noch winterlichen Temperaturen nicht vom Spaziergang abhalten lassen.

Frühlingslied

Die Luft ist blau, das Tal ist grün,
die kleinen Maienglocken blühn
und Schlüsselblumen drunter;
der Wiesengrund ist schon so bunt
und malt sich täglich bunter.

Drum komme, wem der Mai gefällt,
und freue sich der schönen Welt
und Gottes Vatergüte,
die diese Pracht hervorgebracht,
den Baum und seine Blüte.

(Ludwig Heinrich Christoph Hölty)

27

Auch am Möltner Joch bei Meran sorgen die Krokusse für ein eindrucksvolles Schauspiel. Ende April tauchen sie ganze Berghänge in Weiß und Lila und locken sowohl die Möltner Einwohner in traditioneller Tracht als auch viele Gäste an. Vom Festplatz am Wetterkreuz aus lohnen sich kleine Wanderungen, bei denen man nicht nur über die Krokusblüten, sondern auch über beeindruckende Bergpanoramen staunen kann.

Narzissenfest im Ausseerland

Beim ersten Narzissenfest im Ausseerland im Salzkammergut im Jahr 1960 schmückten beim Autokorso noch kleine Narzissensträuße die Autoantennen. Heute sind es riesige, wunderschön von Hand gesteckte Blütenfiguren, die auf Autos, Kutschen und Traktoren und in Begleitung von Musikkapellen und Trachtengruppen durch das Zentrum von Bad Aussee gefahren werden. Ein zweiter Höhepunkt ist der sich anschließende Bootskorso, bei dem die Narzissenfiguren jährlich wechselnd auf dem Grundlsee oder dem Altaussee ein prachtvolles Bild abgeben.

Wohl jede Ausseerin und jeder Ausseer ist aktiv dabei, um das alljährlich Ende Mai bis Anfang Juni stattfindende Fest zu etwas ganz Besonderem zu machen. Beim Pflücken der Blüten – was den Zwiebelpflanzen nicht schadet – und beim Gestalten der Figuren sind rund 3000 freiwillige Helfer im Einsatz.

Die weiße sternblütige Narzisse, auch »Dichter-Narzisse« genannt, fühlt sich im Klima und auf den Böden des Ausseerlandes besonders wohl und zeigt ihre ganze Blütenpracht von Mitte Mai bis Mitte Juni. Sie wächst nur auf gesunden, nicht intensiv bewirtschafteten Feuchtwiesen, die vielen seltenen und gefährdeten Pflanzarten einen Lebensraum bieten.

LINKS: Leuchtend gelb blühende Rapsfelder gehören zu den sehnsüchtig erwarteten Boten des Frühsommers.
RECHTS: Pflücken und Basteln macht Spaß – wen stört es da schon, dass dieser Kopfschmuck vergänglich ist?

♦ Selbermach-Idee ♦
Blütenkranz

Ob als Serviettenring, dekorative Verzierung von Gläsern und Vasen oder für den Kopf einer kleinen Blütenkönigin: Kränze aus Blüten sind schnell gebastelt – dafür aber leider auch nicht allzu lange haltbar. Doch wen stört dies schon, wenn draußen reichlich Bastelmaterial nachwächst?

Zum Einstieg sind besonders gut langstielige Gänseblümchen geeignet, die wie ein normaler Zopf geflochten werden, wobei man je Seite immer eine neue Blüte hinzunimmt. Anfang und Ende können mit Grashalmen oder einem kleinen Stück Bindedraht umwickelt werden. Etwas mehr Stabilität geben dem Kranz junge Weidenzweige, die schön biegsam sind. Natürlich kann man nach Verfügbarkeit, Lust und Laune diverse verschiedene Blüten in den Kranz binden – nur bitte keine geschützten Blüten in freier Natur pflücken.

Sagenumwobener Maibeginn

In der Nacht zum 1. Mai geht es vor allem im Harz teuflisch mystisch zu.
Der Walpurgisnacht wohnt eine ganz besondere Stimmung inne, und auf vielen
Dörfern wird sie mit allerlei Schabernack begangen. Das Brauchtum um den 1. Mai,
mit Walpurgisnacht und Maibaumaufstellen, ist beliebter denn je.

Viele Mythen und Sagen ranken sich um die Walpurgisnacht, deren Ursprung wohl in vorchristlicher heidnischer Zeit liegt. Die kalte Jahreszeit sollte beim Winteraustreiben (siehe Seite 14) endgültig verscheucht werden, den herannahenden Frühling, Sonne, Licht und Wärme begrüßten die Menschen mit besonderen Festen zum Maibeginn. Ihren Anfang nahmen die Feiern im Harz. Mit Verkleidungen, Schüssen und Feuer wollte man die bösen Geister vertreiben und die wiederkehrenden Naturkräfte willkommen heißen.

Buntes Hexentreiben

Dann machte allerdings die Kirche im Zuge der Christianisierung diesem Treiben ein Ende und verbat die heidnischen Rituale. Im Harz lebten etwa im Jahr 800 Sachsen, die von Karl dem Großen zum Christentum gezwungen wurden. Doch viele der Menschen verehrten auch weiterhin ihre Götter und wollten von den Feierlichkeiten nicht ablassen. So zogen heimlich vermummte Gestalten auf höher gelegene Berge, um dort den Mai zu begrüßen. Sie müssen ein furchterregender Anblick gewesen sein und legten möglicherweise den Schluss nahe, dass Hexen in dieser Nacht ihr Unwesen trieben. Als die Kirche bemerkte, dass das Verbot nichts half, versuchte sie, dem Tag einen neuen Sinn zu geben, und widmete den 1. Mai der heiligen Walburga. Erst nach ihrer Heiligsprechung konnte ein Zusammenhang hergestellt werden zwischen dem bunten Treiben in der Walpurgisnacht und der heiligen Walburga, der von dieser Zeit an auch Hilfe gegen böse Geister nachgesagt wurde.

In zahlreichen Orten im Harz gibt es seit vielen Jahren wieder ein buntes Hexentreiben. Maskierte und verkleidete Gestalten ziehen singend und tanzend durch die Straßen. In Thale ist das größte Spektakel.

RECHTS: Der sagenumwobene Brocken – Hexentanzplatz und Ort vieler mystischer Ereignisse – ist der höchste Berg Norddeutschlands.

Alles Zauberei

Der Sage nach sollen sich in Thale im Harz die Hexen am 30. April versammelt haben, um von dort aus zum Brocken zu fliegen. Dort wurde ein Hexenfest mit dem Teufel gefeiert, bei dem ihnen Zauberkräfte vom Teufel übertragen wurden.

Übrigens trug auch Goethe auf literarische Weise dazu bei, dass der Brocken zum wichtigsten Ort der Walpurgisnacht wurde. Im Faust schreibt er: »… Die Hexen nach dem Blocksberg ziehen …«

Bäuerliche Maibräuche

Sehr viele der Riten aus der Walpurgisnacht leben noch heute in ländlichen Bräuchen weiter. Das nächtliche Peitschenknallen wird mancherorts noch durchgeführt, sehr oft findet man auch den Brauch, Maibäume vor das Haus zu stellen. Vor allem junge Birken sind sehr beliebt, symbolisieren sie doch die Fruchtbarkeit der Natur.

Beliebt ist auch das »Walpern« in der Pfalz und im Saarland. Kinder und Jugendliche ziehen abends durch die Dörfer und verstecken Fußmatten und Mülleimer, Gartengeräte oder Blumentöpfe. Möglicherweise hat dieses Treiben allerdings einen ganz anderen Ursprung als die Walpurgisnacht, denn der 1. Mai war früher der Musterungstermin für junge Männer. Der 30. April wurde daher noch einmal für eine sogenannte Freinacht genutzt, an der so ziemlich alles erlaubt war.

Ein wirklich schöner Brauch, der heute wieder belebt und in vielen Teilen Deutschlands gefeiert wird, ist das Hexenfeuer mit dem Maisprung. Dazu wird ein Feuer entfacht, um die bösen Geister zu vertreiben. Wenn die Flammen nicht mehr allzu hoch lodern, springen vor allem junge Leute über das Feuer. Brauch ist es außerdem, dass Verliebte einen gemeinsamen Sprung wagen.

Ein besonderes Gartenfest

Wer Hexen und allerlei mystische Sagen liebt, kann an einem der vielen Feste rund um die Walpurgisnacht teilnehmen. Schön ist es aber auch, ein eigenes Fest mit Freunden und Verwandten zu feiern, um den Frühling zu begrüßen. Ein Platz für ein Lagerfeuer sollte gut gewählt werden, damit die Gäste nicht allzu sehr vom Rauch gestört werden, man sich aber andererseits auch um das Feuer herumstellen kann. Als Leckereien für ein Büffet eignen sich für das Maifest frischer Kräuterquark, Hefebrötchen und natürlich Maibowle.

♦ Rezept-Idee ♦
Maibowle

Zur Maibowle wird klassischerweise Waldmeister verwendet. Wer ihn nicht im Garten hat, kann ihn sich beim Obst- und Gemüsehändler besorgen. Für den typischen Waldmeistergeschmack sorgt der Inhaltsstoff Kumarin, der sich aber erst bei angetrockneten Blättern richtig entfaltet. Am besten lässt man die Blätter vor der Zubereitung der Bowle einen Tag lang trocknen. Zu viel Kumarin kann übrigens Kopfschmerzen verursachen. Nehmen Sie deshalb nicht mehr, als im Rezept angegeben, nur um einen intensiveren Geschmack zu bekommen.

Zutaten
2 Bund Waldmeisterkraut ¦ 2 l trockener Riesling ¦
1 Flasche trockener Sekt

Die angetrockneten Waldmeisterstängel zusammenbinden. Den Wein in ein großes Bowlengefäß geben und den Waldmeister hineingeben. 20 Minuten ziehen lassen. Den Waldmeister entfernen und den Sekt einfüllen.

Maibaum-Tradition

Seit dem 16. Jahrhundert ist das Maibaumaufstellen in vielen ländlichen Gebieten Brauch. Beim Maibaum handelt es sich um einen glatten, möglichst hohen Holzstamm, an dessen Spitze ein gewickelter Kranz aufgehängt wird. Mit bunten Bändern und auch Tannengrün geschmückt, symbolisiert er das frische Grün des Frühlings. In Österreich, Bayern, Baden-Württemberg und der Oberlausitz wird der Maibaum am Abend des 30. April aufgestellt, in anderen Gegenden allerdings erst am Mor-

gen des 1. Mai. Als Baum wird entweder eine Fichte oder eine Tanne gewählt. Die Nachbargemeinden machen sich oft einen Spaß daraus, den Maibaum einer anderen Gemeinde zu klauen. Wenn das gelingt, ist die Freude der einen groß, genauso wie das Leid der anderen, die einige Fässer Bier spendieren müssen, um ihren Maibaum wieder auszulösen.

Das Maibaumaufstellen und der Tanz in den Mai werden auf dem Land immer in Verbindung mit den ortsansässigen Vereinen organisiert und gefeiert. Wichtig bei all diesen Festen sind vor allem die Gemeinschaft und das Beisammensein. Man kennt sich und man hilft sich. Die Brauchtumspflege trägt viel dazu bei, dass diese wichtigen Werte aufrechterhalten werden.

LINKS: Das Maibaumkraxeln ist besonders in Bayern beliebt und hat dort auch seinen Ursprung.
RECHTS: Beim Tanz in den Mai wird traditionell von den Vereinen Tracht getragen.

Symbolgebäck – Gebildbrote

Die Geschichte des Brotes ist eng verknüpft mit der menschlichen Kultur. Und so zeugen auch die Gebildbrote von einer jahrhundertealten Tradition. Sie werden zu den verschiedenen religiösen und auch weltlichen Feiertagen gebacken und sind durch ihre Symbolkraft unübertroffen. Die handgeformten Gebäcke bereichern jede Festtafel und sind außerdem ein schönes Geschenk.

Wie viele andere Bräuche finden auch die Gebildbrote, die auch als Sinn- oder Bildergebäck bekannt sind, ihren Ursprung in vorchristlicher Zeit. Zudem ist das Brot eines unserer ältesten Grundnahrungsmittel. Brot und Salz bringt man noch heute in verschiedenen Gegenden zum Einzug in ein neues Haus mit, denn diese beiden Nahrungsmittel dürfen niemals ausgehen. Von der ganz besonderen Bedeutung des Brotes in unserer Menschheits- und Kulturgeschichte zeugen auch verschiedene alte Redensarten wie zum Beispiel: »Nicht hartes Brot ist hart, sondern gar kein Brot« oder »Es ist leichter, Brot zu essen, als es zu verdienen«.

Mit den Gebildbroten wurden symbolisch Feste dargestellt und auch Wünsche ausgedrückt. Die zunächst heidnischen Symbolbrote wurden später in christliche Bräuche übernommen. Zu Festtagen wie Neujahr, Ostern, Pfingsten, Erntedank, Allerseelen und Nikolaus gibt es ganz bestimmte Gebildbrote, und auch zu traditionellen Anlässen wie der Geburt eines Kindes oder dem Schulbeginn werden Gebildbrote noch heute auf dem Land gebacken.

Überwiegend wird Hefeteig für die verschiedenen Gebildbrote verwendet, aber auch Mürbe- und Biskuitteige sind geeignet. Zu Erntedank wird aus einem Sauerteigbrot ein Gebildbrot, indem das Brot mit einer Ähre, einem Kreuz und einem Kelch aus Brotteig verziert wird. In der Weihnachtszeit werden Gebildbrote häufig aus Lebekuchenteig zubereitet.

Symbole deuten

Schon immer gibt es zu Festtagen besonderes süßes oder salziges Gebäck bis hin zu den leckersten Torten. Sie werden reich verziert, beispielsweise mit einer Zahl, die das Alter des Jubilars preisgibt, oder aber auch zu Tagen wie Allerheiligen angefertigt, an denen ein geflochtener Kranz oder Zopf dem Totengedenken geweiht wird. Über die tiefe Symbolik des Gebäcks machen wir uns heute kaum noch Gedanken. In früheren Zeiten war das anders, denn mit den Gebildbroten

wurden christliche Symbole und Feste in den Alltag integriert.

Heute sind die sogenannten Sinnbildgebäcke wieder populärer geworden. Das Backen bereitet sehr viel Freude und neben alten Symbolen und Rezepten können auch neue Motive ausprobiert und gestaltet werden. Die Gebäcke schmecken sehr gut, halten sich für einige Zeit und sind außerdem ein sehr persönliches Geschenk.

Gebildbrote und ihre Bedeutung

Die Brote werden von Hand geflochten und gelegt und haben immer eine bestimmte Bedeutung. Zu den österlichen Gebildbroten zählt das Osterlamm oder der Osterhase, manchmal mit einem eingebackenen Ei, verschiedene Zopfformen oder auch die Brezel, die seit dem 14. Jahrhundert das Zunftzeichen der Bäcker ist.

Die Brezel zählt zu den ältesten Gebildbroten. Allein das Formen ist regional sehr verschieden, außerdem gibt es Unterschiede im Teig. Brezeln sind in süßer und salziger Variante das ganze Jahr über zu haben, doch kaum jemand weiß, dass es sich um ein altes Gebildbrot handelt, das früher Fastenspeise war und deshalb auch als Symbol für das Ostergebäck steht.

Neujahrsgebäcke sind allesamt als Glücksbringer zu verstehen. Vor allem die Brezel, aber auch der Kranz sollen symbolisch vor Krankheit und Unglück schützen und stehen für die Verbundenheit zueinander.

Zopfgebäcke

Viele der alten Formen sind in Vergessenheit geraten, besonders schöne und kunstvoll gestaltete Gebildbrote finden sich aber unter den Zopfgebäcken, die auch als Striezel bekannt sind. Die Entstehung dieser Gebäckform mutet etwas unwirklich an, denn tatsächlich symbolisieren die Hefezöpfe Frauenhaar. Bereits bei antiken Völkern sind Haaropfer nachweisbar, und vor nicht allzu langer

OBEN: Beim Hefekranz wird zuerst ein Zopf geflochten, danach werden die Enden miteinander verbunden.

Zeit wurde das Abschneiden eines Zopfes noch vorgenommen, um Unheil abzuwenden. Diese Sitte wandelte sich aber, und die Zopfgebäcke traten an die Stelle der Haaropfer. Einer anderen Deutung zufolge soll das Flechten der Teigstränge böse Geister verscheuchen. Zopfgebäcke sind wieder sehr beliebt und werden zu den verschiedenen Jahreszeiten gebacken. Ihr Genuss soll Kraft und Stärke verleihen.

Am besten beginnt man zum Einstieg in die Herstellung von Gebildbroten beziehungsweise Zopfgebäcken mit einem einfachen Hefeteig. Nach der Ruhephase teilt man ihn in drei Teile, formt daraus drei lange Stränge, die miteinander verflochten werden. Alle anderen Gebäcke bauen sich auf diesem einfachen Zopf auf. Bis zum Achtstrangzopf können Zopfgebäcke geflochten werden, aus denen dann wiederrum andere kunstvolle Gebilde wie Kreuze und Sternzöpfe gemacht werden können.

♦ Rezept-Idee ♦
Allerheiligenstriezel

Zutaten
250 ml Milch, lauwarm ¦ 20 g Hefe ¦ 2 EL Zucker ¦
50 g Butter ¦ 1 Päckchen Vanillezucker ¦ 3 Eigelb ¦
400 g Mehl ¦ 1 Prise Salz ¦ 1 TL Speiseöl ¦ Hagelzucker

Die Hefe in 4 Esslöffel Milch einbröckeln, einen Esslöffel Zucker zugeben und einige Minuten stehen lassen. Butter, einen Esslöffel Zucker, Vanillezucker und zwei Eigelb verrühren und mit der Hefe-Milch-Mischung verrühren. Mehl, die restliche Milch, Salz und Öl einrühren und dann kräftig kneten, bis ein homogener, luftiger und glatter Teig entsteht, der sich vom Schüsselrand löst. Abgedeckt etwa 30 Minuten an einem warmen Platz ruhen lassen, bis sich die Masse verdreifacht hat. Noch einmal durchkneten, dann aus dem Teig drei gleich lange Stränge rollen und gleichmäßig verflechten.

Den Striezel in einen gefetteten Bräter oder eine ähnliche Form legen, mit Eigelb bestreichen und noch einmal für 20 Minuten gehen lassen. Dann mit Hagelzucker bestreuen und bei 160 Grad Umluft etwa 30 Minuten backen, bis der Teig goldbraun ist.

RECHTS: Ein Hefekranz mit eingebackenen Eiern gehört traditionell zum Osterfrühstück.

Christi Himmelfahrt und Vatertag

Der Himmelfahrtstag ist einer der ältesten kirchlichen Feiertage, doch vom Brauchtum
auf den Dörfern ist nur wenig erhalten. Aus Christi Himmelfahrt ist schon im
Mittelalter eher ein Ausflugstag für Männer geworden. Heute nutzen diese nicht nur auf dem
Land den Tag für gemeinsame Stunden mit der ganzen Familie.

Ein »sperriger« Tag war Christi Himmelfahrt wohl schon früh in der Geschichte der Christenheit, denn es fällt schwer zu begreifen, dass Christus 40 Tage – übrigens eine tief religiöse Zahl, die immer wieder auftaucht – nach der Auferstehung an Ostern in den Himmel auffährt.

Seit 370 wird Christi Himmelfahrt als eigenständiges Fest der Kirche gefeiert, immer am Donnerstag nach dem fünften Sonntag nach Ostern. Bereits im Mittelalter pflegte man in den Kirchen den Brauch, am Ende des Gottesdienstes eine Christusfigur in das Gewölbe hinaufzuziehen. Man wollte damit den Gläubigen die Himmelfahrt besonders anschaulich darstellen. War die Figur verschwunden, regnete es Blumen und Heiligenbilder, mancherorts auch kleine Gebäckstücke für die Kinder oder auch brennendes »Werk«, um den Zusammenhang mit Pfingsten und den Feuerzungen des Heiligen Geistes deutlich zu machen. Beim Hinaufziehen der Christusfigur achteten die Gläubigen ganz genau darauf, in welche Richtung die Heiligenfigur zuletzt schaute, denn von dort würde mit Sicherheit das nächste Gewitter kommen.

Noch heute werden in katholischen Gegenden die sogenannten Bitttage durchgeführt. Die drei Tage vor dem Himmelfahrtsdonnerstag wurden Mitte des fünften Jahrhunderts eingeführt, heute gibt es meist nur noch einen Bitttag. Am Himmelfahrtstag steht der Himmel ganz weit offen – aus dieser Überzeugung heraus baten die Menschen vor allem um Segen und Schutz für ihre Felder und Häuser.

Himmelfahrtskränzchen

Ganz besonders schön waren früher die sogenannten Himmelfahrtskränzchen. Sie wurden aus Wiesenblumen gewickelt und sollten Segen bringen, wenn sie in Haus und Stall aufgehängt wurden. Bekannt sind vor allem Blumenkränzchen aus Katzenpfötchen (*Antennaria dioica*), einem Korbblütler, der auch als Himmelfahrtsblümchen bekannt ist, weil er im Mai und Juni um Himmelfahrt blüht. Katzenpfötchen wurden schweigend am Himmelfahrtsmorgen gepflückt und gewunden.

♦ Selbermach-Idee ♦
Himmelfahrtskränzchen

Ob tatsächlich etwas dran ist an der Wirkung der Himmelfahrtskränzchen, ist ungewiss. Trotzdem bereitet es viel Freude, allein, mit Freundinnen oder mit den Kindern kleine Himmelfahrtskränzchen zu wickeln. Der freie Tag in der Woche lässt sich gut nutzen, um in der herrlichen frühsommerlichen Natur mit der ganzen Familie oder mit Freunden spazieren zu gehen oder eine Wanderung zu machen und dabei Blumen zu pflücken.

Sind genügend Wiesenblumen gepflückt, werden je drei bis vier Blumen mit einem dünnen Blumendraht an den Stängeln umwickelt. Dann immer weiter Blütenköpfchen an Blütenköpfchen legen, um dem Kranz Halt zu geben. Indem auf der einen Seite des Stranges etwas mehr Blüten angelegt werden, entstehen die jeweiligen Rundungen. Hat das Kränzchen die gewünschte Größe erreicht, wird der Kreis geschlossen, indem man die ersten Blütenköpfe vorsichtig unter die letzten schiebt und das Ganze dann fest umwickelt. Für ein Türkränzchen wird ein schönes Band auf der Rückseite des Blütenkranzes befestigt, genauso gut können die Himmelfahrtskränzchen aber auch auf den Tisch gelegt werden.

Von Herrenpartien und dem Vatertag

Bereits im Mittelalter ging der christliche Sinn des Himmelfahrtstages verloren, und es wurden mehr und mehr Ausflüge gemacht. Schon damals waren die Männer an diesem Tag dem Alkohol sehr zugetan. Aber auch Flurprozessionen, die in manchen katholischen Dörfern noch heute begangen werden, entwickelten sich. Diese sollen eine Wanderung zu Gott sein, in sehr bäuerlich geprägten Gegenden wird bei der Prozession ein Kreuz getragen und um Schutz vor Dürre und Unwetter und für eine gute Ernte gebeten. Auch das Schmücken von Brunnen war am Himmelfahrtstag nicht unüblich und galt als Zeichen der Dankbarkeit für das frische Wasser.

Im 19. Jahrhundert kamen dann die Herrenpartien oder Schinkentouren auf. An Himmelfahrt wurden Flurbegehungen und später Wanderungen gemacht. Wahr-

scheinlich ist aus diesem Brauch heraus 1939 der Vatertag entstanden. Heute werden noch immer gerne Ausflüge und Wanderungen unternommen, doch Christi Himmelfahrt wird immer mehr zu einem Familienfest.

»Fliegendes« Gebäck

Um die Himmelfahrt aus der Kirche »mit nach Hause zu nehmen«, gab es lange Zeit den Brauch, an diesem Tag nur Geflügel zu essen. In einigen Alpendörfern hat sich diese Tradition sogar bis ins 20. Jahrhundert hinein gehalten. Außerdem wurde und wird auch heute noch mancherorts Gebäck in Vogelform zubereitet. Die meist aus Hefeteig bestehenden Gebäckstücke sind eine Form der Gebildbrote (siehe Seite 34) und mit dem Hefegrundteig und einer Schablone leicht nachzubacken.

UNTEN: Gebäck in Vogelform hat zu Himmelfahrt Tradition.

Krautsamstag

Früher tauschten die Bäuerinnen Pflanzen und Saatgut über den »Zaun hinweg«. Man schwätzte ein wenig und berichtete über die Erfolge und Misserfolge im Garten. Regionale Sorten, die an Witterung und Boden angepasst waren, gab es in Hülle und Fülle. Diese schöne Tradition ist schon lange verloren gegangen und mit ihr die Sortenvielfalt. Der Krautsamstag soll das ändern.

Seit einiger Zeit wird vom Verein Netzwerk Salzkammergut in Österreich eine alte Tradition wieder belebt, der Hinterberger Krautsamstag. An diesem Tag können Saatgut getauscht und auch ausgesuchte samenfeste Gemüsesorten sowie biologische Kartoffelsorten gekauft werden. Der Krautsamstag ist kein heidnischer oder christlicher Brauch aus den Anfängen der Menschheitsgeschichte, dennoch haben Menschen sicher schon vor Tausenden von Jahren Saatgut getauscht, um neue Arten und Sorten anbauen zu können. Der Krautsamstag wurde im Salzkammergut deshalb auch weniger als Brauchtum, sondern vielmehr als Notwendigkeit gepflegt, um Saatgut von Haus zu Haus und Hof zu Hof zu tauschen.

Sorten wieder stark im Trend und Vereine widmen sich fast verloren gegangenen Pflanzenarten und -sorten.

Die Idee, die hinter der alten Tradition des Krautsamstags steckt, ist durchaus nachahmenswert: Verschenken oder tauschen wir doch wieder Sorten mit der Nachbarin oder dem Freund und dabei vielleicht sogar noch ein leckeres Rezept. Das macht Freude und trägt dazu bei, dass regionale Sorten erhalten bleiben.

»Überzeuge mich, dass du ein Samenkorn hast, und ich bin darauf vorbereitet, Wunder zu erwarten.«
(Henry David Thoreau)

Sortenvielfalt erhalten

Auf den Dörfern wurde lange Zeit über den Gartenzaun Saatgut ausgetauscht. Die Bäuerinnen suchten sorgfältig die ertragreichsten und gesündesten Pflanzen aus, die dann zur Samenvermehrung genutzt wurden. Auf diese Weise entstanden unzählige regional angepasste Sorten, von Äpfeln bis Zwiebeln, von Kraut bis Kürbis. Die Pflanzen trotzten dem Wetter und wehrten sich gegen Schädlinge – sie waren robust.

In dem Prozess der Sortenentwicklung steckt eine ganz traditionelle Arbeit. Es muss beobachtet, ausgesucht, überwintert, wieder ausgepflanzt, gepflegt und geerntet werden. Für diese wertvolle Arbeit bleibt oft keine Zeit mehr – viele lokale Sorten sind deshalb verschwunden. Heute gibt es einige standardisierte Sorten, die überall im Land wachsen, mit mehr oder weniger gutem Erfolg. Glücklicherweise liegen alte und regionale

UNTEN: Das Tauschen von Pflanzen erhält die regionale Sortenvielfalt.

Brauchtum im Sommer

Von Jahrmärkten, Wallfahrten und Sonnwendbuschen

Wasservogelsingen

Sosehr wir alle uns möglichst viele sonnige Sommertage wünschen: Damals wie heute sind
die Landwirte für eine gute Ernte darauf angewiesen, dass zwischendurch auch genügend Regen fällt.
Ein uralter Brauch, mit dem das richtige Wetter herbeigezaubert werden sollte, ist das
Wasservogelsingen, das in einigen Dörfern des Bayerischen Waldes noch immer praktiziert wird.

Von Haus zu Haus singen und sich eimerweise mit Wasser übergießen lassen – das klingt nach etwas eigenartigem Brauchtum. Doch genau so läuft es ab, das Wasservogelsingen, das vermutlich schon in vorchristlicher Zeit in Teilen des Bayerischen Waldes Tradition hatte. Dass man das Wetter so nehmen muss, wie es kommt, gilt heute ebenso wie vor Tausenden von Jahren – und dennoch finden die Bewohner vieler Dörfer der Region noch immer, dass es ja nicht schaden könne, dem Wunsch nach den optimalen Niederschlagsmengen für ein optimales Erntejahr auf traditionelle Weise Ausdruck zu verleihen.

Meist in der Nacht von Pfingstsonntag auf Pfingstmontag, manchmal aber auch bereits am Nachmittag des Pfingstsonntags versammeln sich die jungen und jung gebliebenen Männer eines Dorfes – die Wasservögel – und ziehen durch die Straßen. Vor allem Bauernhöfe werden angesteuert, und vor der Tür ertönt dann der mehr oder weniger klangvolle Gesang. Althergebrachte Texte und Melodien werden vorgetragen, wobei es meist einen Vorsinger gibt und die ganze Vogelschar dann im Reim mit einstimmt: »D' Wasservögl soll ma giaßn, sonst mecht se's ja verdriaßn«, heißt es da, und oft werden noch individuell auf den Hof und seine Bewohner gedichtete lobende Texte dazu gesungen.

Die Besuchten reagieren wie gewünscht und sparen nicht mit Wasser, das sie aus den Fenstern und von Balkonen auf die Sänger schütten – hier zeigt sich, ob die wetterfeste Kleidung hält, was sie verspricht. Doch nicht nur Wasser, sondern auch ein paar Gaben erwarten die Wasservögel. Traditionell werden Eier verschenkt, aber auch Geld und so manchen Schnaps gibt es für das bunte Volk. Immerhin braucht man sich dank seines dargebotenen Fruchtbarkeitszaubers keine Sorgen mehr um Missernten zu machen.

RECHTS: Regen und Sonnenschein im Wechsel – so wünschen es sich die Bauern damals wie heute für eine gute Ernte.

Haben die Wasservögel ihren Rundgang durch das Dorf beendet und alle kalten Duschen hinter sich gebracht, kehren sie ins Wirtshaus ein, wo die Eier in die Pfanne gehauen und die Taler in dazu passende Getränke getauscht werden. Man kann sich leicht vorstellen, dass es bei diesen Feiern nicht zimperlich zugeht. Schon um 1900 wurde die Polizei immer wieder in Trab gehalten von Menschen, die sich von dem Getöse gestört fühlten. Verboten wurde der Brauch mit dem Hinweis auf die uralte Tradition jedoch nie – und so werden die Wasservögel wohl noch viele Pfingstsonntage pudelnass, aber bester Stimmung einen fruchtbaren Sommer herbeisingen.

Brunnenfeste

Schon vor vielen Jahrtausenden bauten die Menschen Brunnen, um das Lebenselixier Wasser verfügbar zu machen. Eine entsprechend alte Tradition haben Brunnenfeste, die zu verschiedenen Terminen an vielen Orten noch heute gefeiert werden. Mit üppigem Blumenschmuck, Gesang und weiteren Traditionen wird der Kraft des Wassers und den zuverlässigen Brunnen gehuldigt.

Um die große Bedeutung, die das Wasser für das Leben auf der Erde hat, geht es bei allen Brunnenfesten. Aber auch seine läuternde und reinigende Funktion spielt eine Rolle, wenn die Bewohner einer Stadt meist im Sommer ihre Brunnen mit bunten Blumen schmücken, singen, tanzen und einen Festumzug gestalten.

Wunsiedler Fest und »Bornquas«

Besonders traditionell geht es in Wunsiedel im Fichtelgebirge zu. Am Vorabend von Johanni, also am 23. Juni, werden die mehr als 30 Brunnen festlich geschmückt und beleuchtet. Begleitet von Tausenden Einwohnern und Besuchern ziehen Sänger und Musikanten von Brunnen zu Brunnen. Der Legende nach wird das Fest gefeiert, seitdem nach einem heißen Sommer, in dem die Brunnen versiegt waren, das Wasser endlich wieder floss. Zum Dank wurden Kränze an die Brunnen gebunden. Darin spiegelt sich auch der heidnische Brauch wider, dem zufolge die Geister des Wassers durch frische Blumen gnädig gestimmt werden.

Gut 100 Kilometer nördlich von Wunsiedel in Neustadt an der Orla wird das »Bornquas« genannte Brunnenfest am dritten Juniwochenende gefeiert. Seine Geschichte reicht zurück bis ins 15. Jahrhundert, als man begann, nach der jährlichen Säuberung der öffentlichen Brunnen ein Fest zu feiern. Als Begleitung zur Reinigung, auch »Bornfege« genannt, gab es Speis, Trank und Musik. Während in vielen Städten mit dem Bau der modernen Wasserleitungen die Brunnen verschwanden, wird das »Bornquas« seit 1988 wieder jährlich gefeiert.

Weitere besondere Brunnenfeste

In Bad Langensalza dankt man Gott seit dem Beginn des 19. Jahrhunderts mit einem Fest dafür, dass er der Stadt eine Schwefelheilquelle bescherte. Jeweils am ersten

Sonntag im August schmückten ursprünglich in Weiß gekleidete Mädchen die Schwefelquelle symbolisch mit Blumen. Nach dem Zweiten Weltkrieg verlagerte sich das Fest in die Stadt – die Blumenkronen und -kränze werden seitdem am Springbrunnen vor dem Kulturhaus abgelegt. Mit Musik, Gesang und einem Festumzug bringen die Menschen bis heute zum Ausdruck, wie sehr sie sich über diesen Schatz der Natur freuen.

In Schwäbisch Hall geht das Ende Mai gefeierte Kuchen- und Brunnenfest auf den Brand der Stadtmühle im Jahr 1316 zurück. Die bei ihren Siedepfannen wachenden Salzsieder konnten mitten in der Nacht durch blitzschnelles Handeln die Mühle retten. Zum Dank schenkte ihnen der Müller einen 100 Pfund schweren Kuchen.

In vielen Teilen Oberfrankens werden die Brunnen zu Ostern mit Girlanden und bemalten Eiern geschmückt. Der prachtvolle Schmuck bleibt bis 14 Tage nach Ostern an den Brunnen und lockt viele Touristen in die Region.

RECHTS: Mit dem Schmücken von Brunnen sollten früher auch die Geister des Wassers gnädig gestimmt werden.

Pfingsten

Der Name geht auf das griechische »pentekoste« (»der Fünfzigste«) zurück:
Am 50. Tag nach Ostern wird in der christlichen Kirche die Entsendung des
Heiligen Geistes gefeiert. Zugleich markiert Pfingsten den Abschluss der Osterzeit.
Pfingsten ist aber auch mit einigen eher weltlich geprägten Bräuchen verbunden.

Festliche Pfingstumzüge

Zu Pfingsten werden die Pferde gesattelt: In vielen Pfingstprozessionen stehen die Reiter mit ihren prunkvoll geschmückten Vierbeinern im Mittelpunkt. Bereits im antiken Rom wurden im Frühjahr berittene Heerschauen durchgeführt; die Kirche versuchte später, diese Umzüge in ihren Festkreis einzubauen, wobei sich jahreszeitlich das Pfingstfest am besten anbot.

Einen Besuch wert ist der Kötztinger Pfingstritt mit bis zu 1000 Reitern, die am Pfingstmontag betend durch das Zellertal nach Steinbühl zum Gottesdienst ziehen. Seit mehr als 600 Jahren gibt es die berittene Bittprozession, eine der größten Europas. Vor einigen Jahren ritt sogar der Bischof von Regensburg persönlich mit und gab der ohnehin schon tief verwurzelten Tradition in Bad Kötzting eine noch größere Bedeutung. Vorneweg reitet der Kreuzträger, ihm folgen in strenger Ordnung unter anderem Laternenträger, Fanfarenbläser und der Pfingstbräutigam. Er erhält zum Abschluss des Pfingstritts das im Volksmund »Pfingstkranzl« genannte Tugendkränzchen, ein filigran gefertigtes Schmuckstück aus Gold- und Silberdraht, mit dem der Geistliche Offiziator während der Prozession den Segen erteilt.

Pfingstsingen

Freude über die Ankunft des Heiligen Geistes prägt das traditionelle Pfingstsingen, das in vielen Regionen bis heute seine große Bedeutung hat. Meist am Abend des Pfingstsamstags ziehen junge Männer, manchmal auch gestandene Männergesangsvereine, von Haus zu Haus und singen den Bewohnern ein sogenanntes Heischelied. Ihr Ziel ist, Gaben in Form von Eiern, Speck und Schnaps zu erheischen. Entweder noch am gleichen Abend oder aber am Pfingstmontag wird das gesammelte Gut gemeinsam bei bester Feierlaune verzehrt. Vereinzelt sammeln junge Sänger beim Pfingstsingen auch für einen

RECHTS: »Herausgeputzt wie ein Pfingstochse« werden noch heute die Tiere, die den Pfingstumzug begleiten.

guten Zweck – eine schöne Umdeutung des alten Brauchs mit besonderem Wert für bedürftige Menschen.

Feuer und Wasser

Auch zu Pfingsten haben die grundlegenden Elemente Feuer und Wasser symbolische Bedeutung erfahren.

Pfingstfeuer gibt es zwar nur noch selten, doch die Pfingstkerze in der Mitte des Frühstückstischs hat sich erhalten. Ein schöner Brauch besteht darin, dass jedes Familienmitglied an dieser Kerze seine eigene Pfingstkerze anzündet und vor sich hinstellt.

Dass man sich zu Pfingsten früher in einem Bach wusch, ist darauf zurückzuführen, dass dem Wasser zu Pfingsten ebenso wie zu Ostern besondere Kräfte innewohnen sollten. Pfingsten ist deshalb auch ein beliebter Tauftermin. Dem Morgentau an den Pfingsttagen wird ein hoher gesundheitlicher Wert zugesprochen, er soll zudem Schutz vor Verhexung bieten.

◆ Selbermach-Idee ◆
Maiglöckchen: Frühsommerstimmung auf dem Tisch

Wenn im Mai die zarten Blüten der Maiglöckchen an geschützten Stellen im Wald oder auch in den Gärten hervorkommen, gibt es kein Zurück mehr: Der Winter ist vorbei, der Sommer kann kommen! »Das Glück kehrt zurück«, sagt man symbolisch mit dem Maiglöckchen als Dekoration, und so bieten sich die filigranen Pflanzen als Tischschmuck zu einem festlichen Essen im Wonnemonat Mai besonders an.

Schnell zu gestalten und edel in der Optik sind mit wenigen Blüten verzierte weiße Leinenservietten. Pro Serviette braucht man zwei Blütenstängel und ein schön gleichmäßig gewachsenes Blatt. Die Servietten werden einfach zu einem Rechteck gefaltet. Legen Sie die Blütenstängel auf das Blatt und wickeln sie ein feines grünes oder weißes Seidenband einmal um die Stängelansätze. Dann das Band lose um die Serviette schlingen und vorn mit einer Schleife zusammenbinden – fertig!

Ochse, Taube, Birkenzweig

Was ein Ochse davon hält, mit Blumen, Zweigen, bunten Bändern und klingenden Glocken geschmückt zu werden, sei dahingestellt. Ein prachtvoller Anblick ist es allemal, wenn das so herausgeputzte Tier durch die von Menschen gesäumte Hauptstraße geführt wird. In den ländlichen Regionen Süddeutschlands, Österreichs und der Schweiz wird der bis ins 19. Jahrhundert verbreitete Brauch noch gepflegt.

Ursprünglich war der Pfingstochse das Sinnbild für die Darbietung eines Tieropfers; als Hirtenfest markierten das Schmücken des Pfingstochsen und das Begleiten der Viehherde auf die Wiesen aber auch den Beginn der Weidesaison für die Tiere. Die Redensart »herausgeputzt wie ein Pfingstochse« geht auf diesen Brauch zurück; wenig schmeichelhaft wird so jemand bezeichnet, der sich zu sehr und besonders auffällig herausgeputzt hat, »overdressed« ist wohl der passende neudeutsche Ausdruck. In Teilen Bayerns und in Österreich gilt als Pfingstochse auch derjenige, der am Pfingstsonntag nicht aus den Federn kommt. Mancherorts wird der Langschläfer zur Belustigung aller in einer Schubkarre durch das Dorf gefahren.

LINKS: Die filigranen Maiglöckchen eignen sich gut für eine edle Tischdekoration.
RECHTS: Tauben sind ein klassisches Pfingstsymbol, auch wenn sie heute nicht mehr in Kirchen zum Fliegen freigelassen werden.

Ein klassisches Pfingstsymbol ist die Taube. Im Alten Testament im Buch Genesis kündigte eine Taube das Ende der Sintflut an. Zwar werden heute nicht mehr wie früher lebendige Tauben im Inneren der Kirche freigelassen, doch in einigen Orten Süddeutschlands hat es sich erhalten, aus Zirbenholz sogenannte Heiliggeisttauben zu schnitzen und diese zu Pfingsten in der guten Stube an Schnüren aufzuhängen. Vielerorts werden zu diesem hohen Fest außerdem junge Birkenzweige zur Dekoration von Häusern, Scheunen und Brunnen, aber auch der Kirchen genutzt. Ihr leuchtendes Frühlingsgrün signalisiert deutlich, dass nun die schönste und farbenprächtigste Jahreszeit begonnen hat.

Vorsicht in der Unruhnacht

Wer in Österreich und in manchen süddeutschen Regionen auf dem Lande lebt, sollte in der Nacht von Pfingstsonntag auf Pfingstmontag seine Habseligkeiten im Garten in Sicherheit bringen. Ob Gartenbank, Blumentopf oder Fahrrad: Nichts ist vor den vor allem jugendlichen Dorfbewohnern sicher, die in der sogenannten Unruhnacht oder auch Bosheitsnacht durch die Straßen ziehen und ihren Nachbarn Streiche spielen. Ursprünglich ging es bei dem Brauch darum, in dieser Nacht böse Geister auszutreiben, was man dadurch tat, dass man sie verwirrte. Heute wird auch schon mal ein Scheunentor ausgehängt oder alles, was nicht unter Dach gestellt wurde, versteckt – daher auch der Ausdruck »Pfingststehlen«.

♦ Rezept-Idee ♦
Spargel zu Pfingsten

Zwar gibt es zu Pfingsten keine so fest etablierten Traditionsgerichte wie beispielsweise den Gänsebraten zu Weihnachten oder den Silvesterkarpfen. Doch in vielen Familien kommt zu Pfingsten Spargel auf den Tisch – kein Wunder, lassen sich die edlen Stangen doch in vielen Variationen auch zu einem festlichen Menü gut zubereiten.

Zwischen Mitte Mai und Anfang Juni hat das feine Gemüse seine kurze Hochsaison, und je frischer man den Spargel einkaufen kann, umso besser. Viele Spargelbauern bieten einen Ab-Hof-Verkauf – hier bekommt man garantiert die beste Ware.

Klassisch mit Schinken, neuen Kartoffeln und Buttersoße oder Sauce hollandaise ist Spargel immer ein Genuss.

LINKS: Das frische Grün junger Birken trägt zur Pfingstfeststimmung bei.
RECHTS: Das Pfingstfest fällt meist mitten in die kurze Spargelsaison, die man ausnutzen muss.

Zu Pfingsten lohnen sich aber auch einmal besondere Kreationen, zum Beispiel mit gebratener Maischolle. Sowohl optisch als auch geschmacklich etwas Besonderes ist eine Mischung aus weißem und grünem Spargel, wobei Letzterer nur an seinem untersten Ende dünn geschält zu werden braucht.

Übrigens: Richtig frischer Spargel hat kaum holzige Enden, die man abschneiden müsste. Und der beste Frischetest besteht in der Tat darin, die Stangen vorsichtig aneinander zu reiben – dann muss es quietschen.

Fronleichnam

Das Gottesvolk auf Wanderschaft: Für die katholische Kirche gehört Fronleichnam zu den wichtigsten Festen im Kirchenjahr. Mit großen und oft sehr schön anzusehenden Prozessionen erinnern die Gläubigen daran, dass der Leib Christi im Sakrament der Eucharistie gegenwärtig ist.

Neben den Festen zu Lande sind Prozessionen zu Wasser etwas ganz Besonderes und locken unzählige Besucher an. Auf einigen Seen Österreichs finden an Fronleichnam, also am Donnerstag nach dem Dreifaltigkeitsfest beziehungsweise 60 Tage nach Ostern, traditionell Prozessionen mit Schiffen statt. In Deutschland ist die »Mülheimer Gottestracht« auf dem Rhein an diesem Tag ein herausragendes Ereignis. Viele kleine und große Schiffe begleiten das sogenannte Sakramentsschiff auf seiner Fahrt; die Strecke wurde im Laufe der Jahre immer wieder verändert und so manches Mal aktuellen Umständen angepasst. Alljährlich jedoch ist das Ufer gesäumt von Schaulustigen, die sich die besten Plätze zum Betrachten der schwimmenden Prozession sichern.

Die Geschichte dieser besonderen Prozession reicht vermutlich bis an den Beginn des 14. Jahrhunderts zurück. Viele Legenden ranken sich um ihre Entstehung. Am wahrscheinlichsten ist, dass für die Bewohner Mülheims der Fluss, mit seinem Fischreichtum, als Transportweg und als Antrieb für die zahlreichen Mühlen am Ufer früher eine herausragende Bedeutung hatte. Diese wurde durch die Prozession, die Land und Wasser symbolisch eng miteinander verband, gewürdigt. Die Tradition hat sich erhalten, obwohl sich Mülheims wirtschaftliche Schwerpunkte längst verändert haben.

Auf besonders farbenfrohe Weise wird das Bild des wandernden Gottesvolkes, das durch die Zeit hindurch Christus entgegenzieht, in der Stadt Hüfingen im südöstlichen Schwarzwald zelebriert. Rund 500 Meter lang und 1,8 Meter breit ist der Blumenteppich, der frühmorgens von diversen Helfern auf der Hauptstraße ausgelegt wird. Aus vielen Tausend Blüten entstehen kunstvolle Bilder – beinahe alles, was im Frühsommer grünt und blüht, wird verwendet. Jedes Jahr kommen neue Schablonen für Ornamente und figürliche christliche Dar-

RECHTS: In Hüfingen wirken Kinder und Erwachsene daran mit, dass der alljährliche Blütenteppich in der Stadt in ganzer Pracht erstrahlt.

stellungen hinzu, auf die die Blüten mit Leim geklebt werden. Die Darstellungen zeigen vor allem Szenen aus dem Leben von Jesus Christus, Maria, Engel oder auch verschiedene Heilige. Als christliche Symbole zaubern die Hüfinger zum Beispiel Lamm, Brot und Fisch aus ihrem besonderen Werkstoff, den Blüten. Neben Vorlagen aus alten Büchern oder Gemälden werden auch eigens entwickelte Entwürfe verwendet.

Der erste Blütenteppich schmückte die Stadt im Jahr 1842 – eine Initiative des Bildhauers Franz Xaver Reich, der in Hüfingen lebte und ein Jahr zuvor auf einer Italienreise Prozessionswege mit Blütenteppichen gesehen hatte. Aus einem kleinen bunten Blütenteppich vor seinem Haus entwickelte sich im Laufe der Jahre ein wohl einmaliges großes und besonders liebevoll gestaltetes Blumenmeer.

Sonnwendbüscherl

Trockenblumenkränze sieht man oft an Haus- und Wohnungstüren. Im Salzkammergut, im Ennstal und Ausseerland hat es damit allerdings eine ganz besondere Bedeutung, denn bei den sogenannten Sonnwendbüscherln oder Sonnwendkranzerln handelte es sich um einen Abwehrzauber gegen Unwetter und Wassergefahr. Erfreulicherweise ist das alte Brauchtum bis heute nicht verloren gegangen.

Am 20. oder 21. Juni, dem Tag der Sommersonnenwende oder »Sunnawend«, wurden Blumen und Gräser gesammelt, denen man besondere Abwehrkräfte nachsagte. Die Zahl der Kräuter in den verschiedenen Orten und Tälern variierte dabei, je nachdem, welchen Kräutern man besondere Schutz- und Abwehrfunktionen zusprach. Mit christlichem Einfluss werden auch heute in einigen Ortschaften traditionell 14 Kräuter gesammelt, die symbolisch für die bekannten 14 Nothelfer stehen. Mit den 14 Nothelfern hat es eine besondere Bewandtnis. Diese Heiligen sollen bei Not und Bedrängnis beistehen. Wahrscheinlich war die Pest im 13. und 14. Jahrhundert mit ihren verheerenden Auswirkungen Auslöser für die große Heiligenverehrung.

Andernorts sind es zehn Pflanzen. Wichtig ist vor allem auch, was in den Sonnwendbüscherln verarbeitet wird, denn jede Pflanze hat ihre Bedeutung. Blaue Blüten sollen zum Beispiel vor Gewitter mit Blitz und Donner schützen, rote Blüten bewahren vor Feuer und Bränden.

Geballte Sonnenkraft

Am Tag der Sommersonnenwende ist die stärkste Sonnenkraft in den Kräutern gesammelt, so glaubte man. Die heilenden und schützenden Kräfte bewahren die Pflanzen über die kalte Jahreszeit hinweg. So werden noch heute aus den gesammelten Kräutern Sträuße gebunden, die man verkehrt herum an Stalltüren und Haustüren aufhängt. Sie bleiben dort ein ganzes Jahr hängen, bis sie durch neue Sonnwendbüscherl ersetzt werden. Die alten Sträuße werden dann im Sonnwendfeuer verbrannt.

Dass die Pflanzen leicht variieren, ist verständlich, denn in den verschiedenen Regionen wachsen zum Teil auch andere Kräuter und Gehölze. Hinzu kommt der Artenrückgang, einige Pflanzen gibt es nicht mehr oder aber sie sind sehr schwer zu finden. So befinden sich in dem Strauß mitunter auch nur sieben verschiedene Pflanzenarten.

Pflanzen mit besonderen Abwehrkräften

Haselnuss
Zittergras
Roter Klee
Weißer Klee (Berg-Klee)
Wundklee
Witwenblume
Teufelskralle (Kugel-Teufelskralle)
Johanniskraut
Frauenmantel
Ehrenpreis
Wiesen-Glockenblume (oder Pfingstrose)
Gemeines Leimkraut
Ochsenauge
Margerite

Sonnwendfeuer

Zur Sonnenwende werden traditionell auch Sonnwendfeuer entzündet, die vergleichbar mit denen der Wintersonnwendfeiern sind. Allerdings vermischen sich hier wie so oft heidnische und christliche Bräuche, denn der Tag der Sonnwendfeuer ist nicht auf den 20. oder 21. Juni festgelegt, sondern variiert regional. Durch den christlichen Einfluss werden deshalb mancherorts auch an Johanni (in der Nacht vom 23. auf den 24. Juni) Feuer entzündet.

In früheren Zeiten wurde in viele Handlungen eine gewisse Bedeutung gelegt, so auch bei der Holzbeschaffung für die Sonnwendfeuer. Heute sind damit meist Vereine betraut, die im Wald Holz sammeln und dieses dann zu einem großen Haufen zusammentragen. In Niederösterreich war das früher etwas aufwendiger. Junge Männer gingen durch den Ort und sammelten Holz, und wer nichts zum Feuer beitrug, hatte das kommende Jahr kein Glück mehr!

Johannistag

Um Johanni, den 24. Juni, steht die Sonne auf der Nordhalbkugel am höchsten. Viele Bräuche ranken sich seit je um diesen besonderen Festtag – schon lange bevor die Kirche ihn zum Geburtstag Johannes' des Täufers bestimmte. Fortan konnten die alten, oft heidnischen Traditionen unter dem Deckmantel eines christlichen Feiertages bestehen bleiben.

Das Element Feuer spielt am Johannistag eine zentrale Rolle. Die Nacht, in der die Sonne am spätesten untergeht und schon frühmorgens erneut am Horizont erscheint, wurde vermutlich schon weit vor dem Mittelalter mit Sonnenwendfeuern erleuchtet. Im Zuge der Aufklärung wurde dieser Brauch zwar verboten, doch letztlich änderte sich nur der Name: Als Johannisfeuer entzündeten die Menschen weiterhin am Vorabend des 24. Juni Holz und Stroh. Vor allem in Österreich und in den deutschen Alpenregionen, aber auch in vielen anderen Gegenden Europas ist diese Tradition bis heute verbreitet. In Schweden, wo die Nächte Ende Juni besonders kurz sind, gehört das Fest zu »Midsommar« zu den wichtigsten des Jahres.

Die Feuer sollten vor dem Bösen und vor Krankheiten schützen sowie Unbilden des Wetters, insbesondere Hagel, verhindern; sie bekamen aber noch diverse weitere Bedeutungen, die zum Teil von Region zu Region differierten. Verbreitet war – und ist mancherorts heute noch – der Tanz um das Johannisfeuer, auch Sprünge über das Feuer gehören zu diesem Brauch. Ob gute Gesundheit, baldige Hochzeit, Schutz vor Geistern und Hexen oder eine reiche Ernte: Je höher und weiter der Sprung, umso größer sollte sich das erwartete Glück einstellen. Hirten trieben zudem ihr Vieh durch die Glut, auf dass Krankheiten ihrem Hof fernblieben; nicht verbrannte Holzreste steckte man für gute Fruchtbarkeit und gegen Schädlingsbefall in die Äcker.

Brennende Kunstwerke

In vielen Gemeinden haben sich die Johannisfeuer als Feste erhalten und werden mit unterschiedlichen Traditionen gepflegt – im hessischen Eschwege wird das Johannisfest sogar fünf Tage lang gefeiert. Die liebevoll auch »Hänschenfest« genannte Veranstaltung hat eine bis zum Ende des 16. Jahrhunderts zurückreichende Tradition. Seither tragen die Schüler Birkenbüsche, die sogenannten Maien, durch die Stadt zum Marktplatz, wo gemeinsam mit der Bevölkerung Lieder gesungen werden.

Ein paar Bauernregeln zum Johannistag

Vor Johanni bitt' um Regen,
hernach kommt er ungelegen.

Wie's Wetter am Johanni war,
so bleibt's wohl 40 Tage gar.

Vor dem Johannistag
man Gerst' und Hafer nicht loben mag.

Wenn die Johanniswürmer glänzen,
darfst du richten deine Sensen.

Der Kuckuck kündet teure Zeit,
wenn er nach Johanni schreit.

Johanni trocken und warm,
macht den Bauern nicht arm.

Das Ehrwalder Bergfeuer wurde von der UNESCO im Jahr 2010 zum immateriellen Kulturerbe erklärt. Rund um die Tiroler Gemeinde im südwestlichen Talkessel der Zugspitze werden aus Säcken mit Sägespänen und Rapsöl riesige kunstvolle Figuren an die Hänge gelegt, die bei Einbruch der Dunkelheit um den 23. Juni (je nach Wochentag) entzündet werden und für ein spektakuläres Schauspiel sorgen. In bis zu 2000 Meter Höhe werden die Säcke in den Felswänden verankert. Damit die überdimensionalen Kreuze, betenden Hände, aber auch Hirsche oder Blüten aus dem Tal betrachtet richtig wirken, muss die Hangneigung berücksichtigt werden.

Auch im Raum Innsbruck und im Zillertal, in vielen Orten Bayerns, Baden-Württembergs und im Harz werden bis heute traditionelle Bergfeuer als Zeichen der Sommersonnenwende entzündet – und natürlich, um dem heiligen Johannes zu huldigen.

♦ Rezept-Idee ♦
Holderküchlein

Eine Köstlichkeit zum Johannistag, der auch als Holdertag bezeichnet wird, sind gebackene Holunderblüten, die Holderküchlein, regional unter anderem auch Hollerstraubn oder Hollerkiacherl genannt.

Zutaten

10 Holunderblütendolden ┊ 300 g Mehl ┊ 150 ml Milch ┊
2 Eier ┊ 1 Prise Salz ┊ Fett ┊ Puderzucker

Man benötigt etwa zehn schöne Holunderblütendolden, die möglichst nicht gewaschen, sondern nur gut ausgeschüttelt werden, um eventuelle kleine Insekten zu entfernen. Die Blüten werden mit ihrem kurzen Stängelansatz in einen Pfannkuchenteig aus Eiern, Milch, Mehl und einer Prise Salz getaucht und anschließend in einer Fritteuse oder in genügend heißem Fett in einem Topf ausgebacken. Anschließend kurz auf Küchenpapier abtropfen lassen und vor dem Servieren mit Puderzucker bestreuen.

Wichtiger Lostag

Außergewöhnliche Kräfte wurden dem 24. Juni seit je zugeschrieben. Deshalb sammelte man an diesem Tag gern Tee- und Heilkräuter, die dadurch eine besonders intensive Wirkung besitzen sollten. Auch die sogenannten Hansblumen – Kornblumen, Klatschmohn und Rittersporn – wurden gepflückt. Der bunte Strauß auf dem Küchentisch sah nicht nur schön aus, sondern sollte Haus und Hof auch vor Blitzschlag bewahren.

Johanni galt außerdem als wichtiger Lostag, auf den sich etliche Wetterregeln beziehen. Man hoffte auf gutes Wetter am Johannistag, denn dieses zeigte oft den Beginn einer konstanten Wetterlage an, die für die Reifung des Getreides und vieler Feldfrüchte wichtig war.

Traditionell endet am Johannistag die Ernte von Rhabarber und Spargel, damit die Pflanzen bis zum Herbst genügend Kraft für einen guten neuen Austrieb im nächsten Jahr sammeln können.

Unter Landwirten, heutzutage vor allem aber unter Naturschützern gibt es noch immer den Begriff »Johannischnitt«, der sich darauf bezieht, dass früher bis Johanni die Heuernte erfolgen sollte. Während inzwischen in der modernen Landwirtschaft sehr viel früher das erste Mal Gras geschnitten und oft zu Silage verarbeitet wird, werden naturnahe Wiesen noch immer erst um Johanni gemäht. Dies bietet nicht nur der Pflanzenwelt Vorteile, sondern sichert auch Bodenbrütern sowie vielen Wildtieren, die ihren Nachwuchs im hohen Gras aufziehen, das Überleben.

Viele Pflanzen und auch Tiere haben ihre Namen diesem Tag zu verdanken: Das Johanniskraut blüht um diesen Tag auf, die Johannisbeere wird reif, und auch die Erntezeit für die grünen, unreifen Walnüsse, die sogenannten Johanninüsse, beginnt. Glühwürmchen werden auch Johanniskäfer genannt, da sie um den 24. Juni am stärksten leuchten.

♦ Rezept-Idee ♦
Johanniskrautöl

Mit seiner leuchtend roten Farbe ist das Johanniskrautöl schon optisch etwas ganz Besonderes. Aber auch seine positive Wirkung unter anderem bei Muskel- und Gelenkbeschwerden ist verantwortlich für die Berühmtheit des auch als Rotöl bekannten Öls. Ende Juni erstrahlen die gelben Blüten des Johanniskrauts in voller Pracht.

Zutaten
100 g Johannisblüten ¦ 400 ml Olivenöl

100 Gramm frisch gezupfte Blüten gibt man in ein klares Glasgefäß mit etwa 400 Milliliter gutem Olivenöl. An einem warmen, hellen Platz lässt man das verschlossene Gefäß ungefähr sechs Wochen stehen, bis das Öl kräftig rot gefärbt ist. Dann kann das Öl durch ein Sieb gegossen und für Einreibungen und Massagen verwendet werden.

LINKS: Die knusprigen Holderküchlein sollte man ganz frisch ausgebacken genießen.
RECHTS: Seine leuchtende Farbe gab dem Johanniskrautöl auch den Namen Rotöl.

Auch zur innerlichen Anwendung ist Johanniskrautöl geeignet. Ebenso wie Tee oder fertig aufbereitete Kapselpräparate aus Johanniskrautblüten steht dann eine stimmungsaufhellende Wirkung im Vordergrund – das Johanniskraut sorgt sozusagen für ein sonniges Gemüt. Die Wirksamkeit wurde in vielen Studien bewiesen. Wer Johanniskrautpräparate einnimmt, sollte bedenken, dass die Haut dann lichtempfindlicher ist. Auch kann die Wirkung anderer Medikamente verändert werden, deshalb unbedingt mit dem Arzt oder Therapeuten Rücksprache halten.

Hochzeit

Allen Statistiken zum Trotz, denen zufolge manche Ehen dann doch nicht ein Leben lang halten,
ist eine Hochzeit noch immer das Ereignis schlechthin für Romantiker und Träumer
von der großen Liebe. Damit diese alle Tage frisch und betörend bleibt, gibt es eine riesige Zahl
unterschiedlicher Bräuche rund ums Heiraten.

Am sprichwörtlich schönsten Tag im Leben will die Braut selbst auch einmalig schön aussehen. In die Auswahl von Hochzeitskleid, Schleier, Schuhen und Frisur werden Tage, wenn nicht Wochen investiert. Und auch der Blumenschmuck für die Kirche und für den Ort der Feier, die Ausstattung der Blumenkinder, die Farben der Hochzeitstorte – alles will besonders gut durchdacht und dem Anlass entsprechend von überbordender Schönheit und Pracht sein.

Jede Menge Münzen

Früher begannen schon junge Mädchen, sorgsam jedes einzelne Pfennigstück beiseitezulegen, um mit der Sammlung später ihre Brautschuhe zu bezahlen. Symbolisch brachte die Frau damit ihre Sparsamkeit zum Ausdruck; außerdem sollte dieser Brauch sicherstellen, dass die Braut nicht vor der Hochzeit davonläuft. Auch nach der Einführung von Euro und Cent ist es keine Seltenheit, dass eine Frau ihre Brautschuhe zumindest teilweise mit der kleinsten Münze bezahlt. Sicherheitshalber sollte man im Geschäft vorher nachfragen, damit es keine Irritationen gibt, wenn kiloweise Centmünzen gebracht werden.

Einer der Pfennige beziehungsweise eines der Centstücke sollte übrigens aufbewahrt und am Tag der Hochzeit in den Brautschuh geklebt werden. Eventuelle Druckstellen an den Füßen lassen sich verschmerzen, wenn man sich aufgrund dieses Brauchs doch eines dauerhaften Eheglücks und eines finanziell sorgenfreien Ehelebens gewiss sein kann.

Vier wichtige Dinge

Etwas Altes, etwas Neues, etwas Geliehenes und etwas Blaues – diese vielleicht ein wenig eigenartig anmutende Zusammenstellung von Dingen sollte jede Braut am Hochzeitstag bei sich tragen. So will es ein ursprünglich

aus England stammender Brauch, der sich auch im deutschsprachigen Raum fest etabliert hat. Das Alte symbolisiert das bisherige Leben vor der Ehe und kann zum Beispiel ein Schmuckstück sein. Das Neue ist leicht zu regeln – immerhin ist die Ausstattung der Braut fast gänzlich extra für diesen besonderen Tag gekauft worden. Wer etwas Geliehenes bei sich trägt, kann sich der Freundschaft und Unterstützung anderer gewiss sein. Idealerweise ist der Leihgeber eine Frau, die bereits glücklich verheiratet ist. Geeignet wäre zum Beispiel ein Utensil für die Handtasche. Blau steht symbolisch für Treue und wird vielfach in Form einer kleinen blauen Schleife am Strumpfband eingesetzt. Aber natürlich tut es auch ein kleiner Saphir oder Aquamarin in einem Schmuckstück.

RECHTS: Eine Braut, die ihre Schuhe mit Pfennigen bezahlte, lieferte damit einen Beweis für ihre Sparsamkeit.

Gemeinsam ins Leben starten

Ein schöner Brauch ist das Spalierstehen vor dem Kirchenportal. Nach der Trauung, wenn das frisch vermählte Paar zum ersten Mal nach draußen schreitet, stehen Freunde, Sportkameraden oder Arbeitskollegen links und rechts des Weges bereit und bilden eine Gasse. Durch diese schreiten die Eheleute dann wie durch ein Tor in das neue Leben zu zweit. Manchmal sind dabei zum Beweis der Teamfähigkeit kleine Aufgaben zu erfüllen.

UNTEN: Nicht nur geschmacklich, sondern auch optisch ein Genuss sind viele Hochzeitstorten.

Beliebt ist das Zersägen eines Baumstamms, Mitglieder der Feuerwehr dürfen oft ein Stück Feuerwehrschlauch zerschneiden, Reiter ihre Braut über ein kleines Hindernis tragen … Das Tragen der Braut hat dabei noch einen eigenen symbolischen Charakter: Früher gab es den verbreiteten Aberglauben, dass böse Geister auf der Türschwelle der jungen Braut Unglück zu bringen versuchten. Sie durfte die Schwelle deshalb keinesfalls berühren.

Bedeutungsschwere Hochzeitstorte

Die Hochzeitstorte ist viel mehr als nur ein süßer Nachtisch, der traditionell um Mitternacht auf der Hochzeits-

◇◇

feier genossen wird. Schon in vorchristlicher Zeit spielten Kuchen oder Brote am Hochzeitstag wichtige Rollen. Im alten Rom gab es Mandelkuchen, und noch heute gelten Mandeln als Glücksbringer.

Das über viele Jahrhunderte gängige Hochzeitsbrot hatte einen engen religiösen Bezug. Es wurde vor dem Anschnitt gesegnet und mit einem Kreuz gekennzeichnet. Das erste Stück bekam die Braut, die hieraus Sauerteig für ihr erstes selbst gebackenes Brot als Ehefrau ansetzte.

Heute sind Hochzeitstorten oft wahre Zuckerbäckerkunstwerke, die ganz nach den individuellen Wünschen des Brautpaars gefertigt werden. Wichtig: Marzipan als Zutat darf nicht fehlen, denn sowohl Mandeln als auch Zucker und Rosenöl sind symbolisch eng mit Liebe, Glück und Leidenschaft verbunden. Es soll übrigens Glück bringen, die oberste Schicht der Hochzeitstorte einzufrieren und sie zur Hälfte am ersten Hochzeitstag und zur anderen Hälfte bei der Taufe des erstgeborenen Kindes zu verzehren.

Von den Gästen wird das Anschneiden der Hochzeitstorte durch das Brautpaar meist mit Argusaugen verfolgt: Zum einen symbolisiert es Gemeinsamkeit bei allen Aufgaben, die im Eheleben auf das Paar warten, zum anderen soll entscheidend sein, wer beim Halten des Messers die Hand oben hält, denn derjenige hat in der Ehe angeblich das Sagen.

Wohin der Brautstrauß fliegt

Der wunderschöne Strauß, der vom Bräutigam ausgewählt wurde und die Braut an ihrem Hochzeitstag begleitet hat, soll einem verbreiteten Brauch zufolge am Abend noch den Besitzer wechseln. Dazu stellen sich alle unverheirateten weiblichen Gäste der Festgesellschaft hinter der Braut auf, und diese wirft den Strauß blind über ihre Schulter. Diejenige, die ihn fängt, wird als Nächste Hochzeit feiern. Viele Frauen wollen sich von ihrem Brautstrauß nicht trennen, und so ist heute oft ein zweiter, extra für das Brautstraußwerfen gefertigter Strauß üblich.

Bei manchen Hochzeitsgesellschaften werden auch die unverheirateten Männer nach vorn gebeten. Unter ihnen ist derjenige, der das vom Bräutigam geworfene Strumpfband fängt, als Nächstes mit dem Heiraten an der Reihe.

Der Abschied aus dem Junggesellenleben

Vor dem Eintritt in den Stand der Ehe wird ausgiebig Abschied vom bisherigen Lebensmodell gefeiert. Angeblich gab es diesen Brauch schon in der Antike; belegt ist auf jeden Fall eine lange Tradition in England, wo der künftige Bräutigam von den männlichen Mitgliedern beider Familien aufs Genaueste geprüft wurde. Heute organisieren Freunde meist eine bis zwei Wochen vor dem Hochzeitstermin den Junggesellenabschied und überraschen das Brautpaar, indem sie unangemeldet vor der Tür stehen und zum Ausflug bitten. Dabei gibt es für Braut und Bräutigam unterschiedliche Programme, und beide sollten sich an dem oft sehr langen Abend nicht begegnen. Nicht selten müssen die beiden Kostüme anziehen und verschiedene Aufgaben erfüllen – haben

Mit 30 noch nicht verheiratet?

Wer seinen 30. Geburtstag feiert und noch nicht in den Stand der Ehe eingetreten ist, kann sich in manchen Gegenden auf schwierige Aufgaben gefasst machen: Männer müssen die Rathaustreppe, mancherorts auch den Marktplatz fegen, Frauen die Türklinken des Rathauses putzen – natürlich unter erschwerten Bedingungen und mit Anfeuerungsrufen der umstehenden Freunde. Erlösung gibt es erst, wenn sich eine Jungfrau beziehungsweise ein junger Mann finden, die das Geburtstagskind mit einem Kuss von der Aufgabe befreien. Besonders beliebt ist dieser Brauch in Bremen, wo sich das sogenannte Domtreppenfegen seit Ende des 19. Jahrhunderts etabliert hat.

sie dabei Erfolg, bescheinigt ihnen der Freundeskreis gern, nun befähigt für das Eheleben zu sein.

Während der Junggesellenabschied in Österreich und der Schweiz auch als Polterabend bezeichnet wird, gibt es in Deutschland wenige Tage vor der Hochzeit den Polterabend als eigenes weiteres Fest. Das Brautpaar kündigt den Polterabend an, lädt aber nicht explizit dazu ein, sodass alle Freunde, Nachbarn und Kollegen kommen können. Ihre Aufgabe besteht darin, Geschirr mitzubringen und es gegen die Hauswand (oder eine speziell dafür aufgestellte Wand) zu werfen. »Scherben bringen Glück«, heißt ein altes Sprichwort, zudem soll der Krach vor den negativen Einflüssen böser Geister schützen.

Das Brautpaar sorgt für eine zünftige Mahlzeit – klassisch ist Hühnersuppe, da Hühner als Fruchtbarkeitssymbol gelten – und Musik und muss je nach regionaler Tradition noch so manchen Scherz über sich ergehen lassen. So besteht eine häufige Aufgabe darin, um Mitternacht den Scherbenhaufen zusammenzufegen, wobei Gäste dem jungen Paar Besen und Schaufel zu entreißen versuchen und die Scherben immer wieder verteilen. Die Hose des Bräutigams wird ihm ausgezogen und angezündet – als Zeichen dafür, dass er bald nicht mehr »die Hosen anhaben wird«. Die Asche wird mit einer Flasche Schnaps vergraben; diese wird ein Jahr später wieder aus der Erde geholt und zum Wohl des Ehepaars geleert.

Die wichtigsten Jahrestage der Ehe

Für beinahe jeden Jahrestag des Verheiratetseins gibt es spezielle Namen, und bei Feiern wird zum Beispiel beim Tischschmuck, bei den Geschenken und auch bei Aufführungen für das Brautpaar Bezug auf das Jubiläum genommen. Dabei kann es allerdings regional unterschiedliche Zuordnungen geben – so wird in den meisten Gegenden die hölzerne Hochzeit nach fünf Jahren, in einigen anderen jedoch auch erst nach zehn Jahren gefeiert.

Besonders begangen wird die Petersilienhochzeit nach 12,5 Jahren Ehe. Sie steht sinnbildlich dafür, dass die Ehe frisch und würzig bleiben möge. Kleine Petersiliensträuße kommen zur Dekoration in Vasen – um mehr muss sich das Brautpaar nicht kümmern, denn die Speisen für den geselligen Abend zu Hause bringen die Gäste mit.

Ein sehr festliches Ereignis ist die Goldene Hochzeit. Viele Paare erneuern nach 50 gemeinsam erlebten Jahren ihr Eheversprechen mit einer kirchlichen Trauung im Kreise ihrer Familie und Weggefährten. Oft werden sogar neue goldene Ringe ausgesucht; auf diese Weise wird noch einmal symbolisch der Bund fürs Leben besiegelt.

RECHTS: Nicht nur für das Brautpaar, sondern auch für die Blumenkinder selbst ist das Blumenstreuen beim Weg aus der Kirche ein besonderes Erlebnis.

Hochzeitstage

Tag der Trauung	Grüne Hochzeit
1 Jahr verheiratet	Papierhochzeit
2 Jahre verheiratet	Baumwollhochzeit
5 Jahre verheiratet	Hölzerne Hochzeit
10 Jahre verheiratet	Rosenhochzeit
12,5 Jahre verheiratet	Petersilienhochzeit
15 Jahre verheiratet	Gläserne Hochzeit
20 Jahre verheiratet	Porzellanhochzeit
25 Jahre verheiratet	Silberhochzeit
30 Jahre verheiratet	Perlenhochzeit
35 Jahre verheiratet	Leinwandhochzeit
40 Jahre verheiratet	Rubinhochzeit
45 Jahre verheiratet	Messinghochzeit
50 Jahre verheiratet	Goldene Hochzeit
55 Jahre verheiratet	Platinhochzeit
60 Jahre verheiratet	Diamanthochzeit
65 Jahre verheiratet	Eiserne Hochzeit
70 Jahre verheiratet	Gnadenhochzeit
75 Jahre verheiratet	Kronjuwelenhochzeit

Schützenfeste

In vielen Gemeinden gehört das Schützenfest zu den Höhepunkten im jährlichen Veranstaltungskalender – und das nicht selten schon seit Jahrhunderten. Meist mitten im Sommer putzt sich das Dorf heraus, bunte Fahnen flattern im Wind, ein Spielmannszug zieht durch die Straßen … Spätestens dann wissen alle: Es ist Schützenfestzeit!

Beim Wort »Schützenverein« denkt man heute vor allem an den Schießsport, der in verschiedenen Ligen sowie Meisterschaften betrieben wird und außerdem olympische Disziplin ist. Allein in Deutschland sind rund 1,5 Millionen Sportschützen in 15 000 Vereinen organisiert – damit steht der Deutsche Schützenbund in Sachen Mitgliederzahl an vierter Stelle der Sportverbände.

Doch dieser Aspekt macht eigentlich nur den kürzesten Abschnitt in der langen Geschichte des Schützenwesens aus. Bereits im Mittelalter fanden sich Bürger zusammen, die ihre Städte vor Plünderern schützten. Diese Zusammenschlüsse waren mitunter sogar offizieller Bestandteil der Stadtverteidigung. Rembrandts berühmtes Bild »Die Nachtwache« aus dem Jahr 1642 gibt Zeugnis davon, dass es bereits zu dieser Zeit Schützengilden gab.

Wo Menschen regelmäßig mit gleichen Interessen zusammenkommen, entwickelt sich oft ein Gemeinschaftsgefühl, das auch außerhalb der eigentlichen Aufgabengebiete gepflegt wird. Das war vor einigen hundert Jahren schon genauso der Fall wie heute, und so kam es, dass sich regelmäßige Feierlichkeiten der Schützen entwickelten, die – in regional durchaus sehr unterschiedlicher Ausprägung – manchen politischen und gesellschaftlichen Wandel überdauerten. Denn mit der Übernahme der Verteidigungsaufgaben durch professionelle Truppen und Garnisonen verloren die Schützenvereine ihre ursprüngliche Bedeutung. Doch ihre über lange Zeit entwickelten Traditionen lebten weiter und sind nach wie vor ein wichtiges Element für den Erhalt regionalen Brauchtums. Daran konnte auch der Zweite Weltkrieg nichts ändern, in dessen Anschluss die Besatzungsmächte vorübergehend alle Schützenvereine verboten. Allen modernen Einflüssen zum Trotz wird vielerorts noch immer eine traditionelle Festkultur gepflegt, wenn die Schützen zu ihrer wichtigsten Feierlichkeit des Jahres einladen.

RECHTS: Man sieht es auf den ersten Blick: Schützenumzüge sind gelebte Tradition.

Mit Pauken und Trompeten

Vermutlich waren es einst Zusammenkünfte für Übungen der Schützen, aus denen sich nach und nach der Festcharakter entwickelte. Sehr alt ist die Tradition des von Musikanten begleiteten Umzugs, einst zu den Schützenhöfen, heute oft zum zentralen Platz eines Dorfs oder einer Stadt, wo entweder Festzelte oder vielleicht auch noch der gute alte Gasthof zum späteren Feiern mit Gaumenschmaus und Tanz bereitstehen. Vielerorts begleiten Spielmannszüge den Umzug und sorgen so für eine besondere Dorffeststimmung.

Früher waren es die Bürgerschutztruppen aus den umliegenden Dörfern, heute sind es die befreundeten Sportler anderer Schützenvereine, die zum Schützenfest

und zur Teilnahme an den Wettbewerben eingeladen werden. Alle Schützen tragen selbstverständlich ihre Uniformen, die mit Abzeichen und Ehrennadeln geschmückt sind und auch den Außenstehenden auf den ersten Blick erkennen lassen, wie erfolgreich ein Schütze in der Vergangenheit war.

Bunte Programmpunkte

In Deutschland ebenso wie in Österreich und der Schweiz gibt es unterschiedliche Ausgestaltungen der Schützenfeste, die sich meist über mehrere Tage erstrecken. Ein »klassisches« Element ist das Abholen des amtierenden Schützenkönigs mit seinem Hofstaat

von den Vereinsmitgliedern in Schützenuniform und allen Bürgerinnen und Bürgern unter Begleitung eines Musikzugs.

Oft gehört auch das Fahnenschwingen (das mitunter auch als Fahnenschlag oder Fahnenschwenken bezeichnet wird) zu den Schützenfesttraditionen. Besonders in der Schweiz wird die Kunst, spezielle Fahnen in eindrucksvolle Schwingungen zu versetzen, gepflegt und manchmal auch in Wettbewerben bewertet. Alten Quellen zufolge symbolisiert die schwingende Fahne die Fesselung und Entfesselung des heiligen Sebastianus, der unter anderem der Schutzpatron der Schützenbruderschaften ist.

Das sogenannte Vogelschießen gehört ebenfalls zu vielen Schützenfesten dazu, wenn auch in unterschiedlicher Bedeutung. Viele Vereine ermitteln den neuen Schützenkönig durch den Schuss auf eine aus Holz gebaute Vogelattrappe, wobei entweder der Rumpf oder der letzte Teil des Vogels vom künftigen Regenten getroffen werden muss. In oft sehr ritualisierten Vorbereitungen wird der Vogel geschmückt und auf die Stange gesetzt. Mancherorts hat sich seit dem Ende des 19. Jahrhunderts das Vogelschießen für Kinder etabliert, wobei hier durch verschiedene Spiele die Sieger ermittelt werden.

Ohne Königsscheibe ist in vielen Gemeinden das Schützenfest nicht denkbar. Die kunstvoll gestalteten Holzscheiben, oft mit Tiermotiven, dienen als Ziel für die Ermittlung der neuen Schützenmajestät. Die Proklamation des Königspaars bildet den Höhepunkt der Feierlichkeiten. Unter dem Applaus des gesamten Hofstaats wird die Königskette umgehängt, und bis in die Nacht wird

LINKS: Schützenfeste sind immer auch mit viel volkstümlicher Musik verbunden.
RECHTS: Schützenfeste bieten beste Gelegenheit, zusammen mit Nachbarn und Freunden ausgiebig das Tanzbein zu schwingen.

bei Musik, Tanz und dem einen oder anderen Getränk der Abschluss des Schützenfests gefeiert.

Die größten Feste

Je nach Größe der Stadt oder Gemeinde gehören zu den Schützenfesten auch eine Kirmes oder ein Jahrmarkt. Das größte Schützenfest der Welt in Hannover wird auf dem etwa zehn Hektar großen Schützenplatz in der Stadt ausgerichtet und zieht mehr als eine Million Besucher an. Zwar steht hier der Volksfestcharakter inzwischen im Vordergrund, doch noch immer wird an dem zwölf Kilometer langen Schützenausmarsch mit Spielmannszügen, Festwagen und Kutschen festgehalten.

Während in Hannover eine ganze Reihe von Schützenvereinen an der Organisation und Durchführung des riesigen Festes beteiligt ist, gilt das Neusser Bürger-Schützenfest als größtes Fest seiner Art, das in der Hand eines einzigen Schützenvereins liegt. Mit wenigen Ausnahmen wurde hier alljährlich seit 1823 ein neuer Schützenkönig proklamiert. Gäste aus aller Welt sehen sich die Wettbewerbe an und feiern auf der mit dem Schützenfest verbundenen Kirmes.

In Bezug auf die sportliche Ausrichtung ist vermutlich das alle fünf Jahre in der Schweiz stattfindende Eidgenössische Schützenfest an erster Stelle zu sehen. Zigtausende Sportschützen nehmen daran teil.

Wallfahrten

»Der Weg ist das Ziel« – selten passt dieser Ausspruch so exakt wie in Bezug auf Wallfahrten, die in den katholisch geprägten Regionen unseres Kulturkreises bis heute eine enorme Bedeutung besitzen. Im Vordergrund steht natürlich die Glaubenstradition, doch daneben sind Wallfahrten vielerorts auch prägendes Element für das Zusammengehörigkeitsgefühl in einer Gemeinde.

Seit dem frühen Mittelalter machen sich katholische Gläubige auf den Weg zu Wallfahrtsorten. Christliche Läuterung oder Heilung von Krankheiten versprach man sich von den oft beschwerlichen Reisen, Buße und Bittstellung waren mit ihnen verbunden. Seit einigen Jahren erfahren mehrtägige Pilgerschaften, zum Beispiel entlang dem Jakobsweg, eine bemerkenswerte Renaissance, und wer eine solche Reise hinter sich gebracht hat, berichtet oft von besonderen Erlebnissen auf der geistigen Ebene, von einer Rückbesinnung auf die elementaren Ziele im Leben und von einer »Entschleunigung« vom Alltag, die Körper und Seele guttut.

Vor etlichen Jahrhunderten hatten Wallfahrten noch einen viel größeren Stellenwert – was nicht zuletzt daran lag, dass das Reisen mit erheblich höherem Aufwand und auch mit vielen Gefahren verbunden war. Pilgerreisen werden heute teilweise von professionellen Reiseveranstaltern angeboten und stürzen den Pilger längst nicht mehr in finanzielle, gesundheitliche oder gesellschaftliche Unsicherheit.

Als Pilgerreise im Kurzformat könnte man die Wallfahrten bezeichnen, die in erster Linie in den ländlichen Regionen Bayerns und in Teilen Österreichs zur festen Tradition vieler Dörfer gehören. Die individuelle Ausgestaltung ist dabei manchmal sehr unterschiedlich. Grundsätzlich jedoch geht es in einem gemeinsamen Fußmarsch zum Ort der Wallfahrt – einer Kirche oder dem Ort der Aufbewahrung besonderer Heiligtümer. In festlichen Prozessionen ziehen Dutzende, Hunderte oder sogar Tausende Gläubige über festgelegte Routen zusammen mit dem Pilgerführer zu ihrem Ziel und geben auf diese Weise Zeugnis von ihrem Glauben ab. Als gelebtes regionales Brauchtum haben diejenigen Wallfahrten bis heute ihre Bedeutung behalten, bei denen das Ziel eine dörfliche Wallfahrtskirche ist – anders als weltweit berühmte Wallfahrtsorte wie die Gräber der Apostel Paulus und Petrus in Rom.

Als Symbol für die Reise des Lebens gilt die Wanderung, die in einzigartiger Atmosphäre die Menschen verbindet, sie auf einem Weg zu einem gemeinsamen Ziel führt und ihnen auch Einblicke in die eigene Seele ermöglicht. Anlass sind die Namenstage verschiedener heiliggesprochener Personen, sodass es unterschiedliche Termine – vornehmlich im Frühjahr und im Sommer – für die Wallfahrten an den einzelnen Orten gibt. Am Ziel gibt es nach dem Gebet eine gemeinsame Stärkung für alle, die den anstrengenden Weg geschafft haben. Dieser katholische Brauch stärkt über das gemeinsame Erlebnis das Gefühl des Miteinanders, wie unsere Gesellschaft es heute wohl mehr denn je gut vertragen kann.

Holzkirchener Kerzenwallfahrt

Ein besonderes Erlebnis ist die Holzkirchener Kerzenwallfahrt, die seit mehr als 500 Jahren alljährlich am Freitag vor Pfingsten im niederbayerischen Holzkirchen beginnt und nach 75 Kilometern Fußmarsch am Pfingstsonntag auf dem Bogenberg endet. Die »Kerze« ist ein mit Wachs umwickelter, fast 13 Meter langer Fichtenstamm, der über die gesamte Strecke von wechselnden Trägern getragen wird.

Die besondere Bittprozession geht zurück auf ein Gelübde, das die Bürger Holzkirchens vermutlich seit dem Jahr 1475 erfüllen. Damals waren die Wälder rund um das Dorf von einer schlimmen Borkenkäferplage befallen, was den Baumbestand und damit eine wichtige Einnahmequelle gefährdete. Flehentlich wandten sich die Holzkirchner an die Muttergottes, und ihre Bitte wurde erhört: Die Käferplage zog sich bald darauf zurück. Als Zeichen ihres Danks trägt die Bevölkerung seither den mit Wachs umwickelten Baumstamm über die Wallfahrtsstrecke, und erfreulich viele jungen Menschen beteiligen sich an dem Erhalt dieses Brauchtums.

Gebirgswallfahrt St. Bartholomä

Als älteste Gebirgswallfahrt Europas gilt die auch als »Almer Wallfahrt« bekannte Wanderung von Maria Alm im Salzburger Land nach St. Bartholomä am Königssee. Die Wallfahrt, die über eine beschwerliche Strecke durch

das Hochgebirge führt, geht vermutlich auf die 1635 in Salzburg überstandene Pest zurück – die Bürger dankten auf diese Art und Weise am Bartolomäustag (24. August) beziehungsweise heute am jeweiligen Sonnabend danach für das Ende der Krankheitswelle.

Heute nehmen Einheimische ebenso wie Gäste, Pfarrer und Musiker an der Wanderung durch das Hochgebirge im Grenzgebiet zwischen Deutschland und Österreich teil. Für manche mag es auch eine sportliche Herausforderung sein; im Mittelpunkt steht jedoch die religiöse Besinnung, die durch eine Bergmesse unterwegs sowie den Schlussgottesdienst in der Wallfahrtskirche St. Bartholomä unterstrichen wird. Im Gedenken an die mehr als 70 Opfer eines Floßunglücks auf der Fahrt nach Königssee im Jahr 1688 befestigen die Wallfahrer noch heute einen Kranz an dem Gedenkkreuz an der Felswand, wo das Unglück passierte.

♦ Rezept-Idee ♦
Zwetschgenbavesen

Das traditionelle niederbayerische Gericht Zwetschgenbavesen gehört bei einigen Wallfahrten zu den typischen Stärkungen im Anschluss an den Fußmarsch.

Zutaten für 6 Personen
6 Brötchen oder ca. 300 g Weißbrot ¦
200 g Zwetschgenmus ¦ ½ l + 100 ml Milch ¦ 4 Eier ¦
100 g Mehl ¦ 1 Prise Salz ¦ Butterschmalz

Das Brot in Scheiben schneiden. Zwetschgenmus auf der Hälfte der Brotscheiben verstreichen und jeweils

LINKS: Wallfahrten dienen nicht nur der religiösen Besinnung, sondern festigen auch das Zusammengehörigkeitsgefühl.
RECHTS: Zwetschgenbavesen sind in Niederbayern ein traditionelles Gericht zur Stärkung nach der Wallfahrt.

eine bestrichene Scheibe mit einer unbestrichenen Schreibe zusammensetzen. Die Schnitten in Milch einweichen und warten, bis sie sich vollgesogen haben.

In der Zwischenzeit die Eier verquirlen, mit 100 ml Milch, dem Mehl und einer Prise Salz verrühren. Reichlich Butterschmalz in einer tiefen Pfanne oder einem Topf erhitzen. Die eingeweichten Brotschnitten nacheinander mit zwei Gabeln durch den Eierteig ziehen und im heißen Fett schwimmend ausbacken. Sie sind fertig, wenn sie schön goldbraun sind. Mit einer Schöpfkelle aus dem Fett nehmen, auf Küchenpapier abtropfen lassen und noch heiß genießen.

Die Zwetschgenbavesen schmecken mit einer Zucker-Zimt-Mischung, mit Vanillesoße oder auch mit einem Klacks frischem Zwetschgenmus köstlich.

Mariä Himmelfahrt

Bis heute hat sich in katholischen Regionen auf dem Land an Mariä Himmelfahrt ein reiches
Brauchtum erhalten. Das Kräutersammeln und -binden ist dabei reine Frauensache.
Die Frauen treffen sich und binden die Sträuße, die später in der Kirche verkauft werden.
Klatsch und Tratsch kommen dabei nicht zu kurz.

An Mariä Himmelfahrt vermischen sich ebenso wie auch bei vielen anderen Bräuchen heidnische und christliche Traditionen. Eigentlich hatten die Kräuterbuschen nämlich magische Funktionen. Wurde ein Mensch damit berührt, so sollten die heilenden und fruchtbarkeitsspenden Kräfte der Kräuter auf ihn übergehen. Die Kräuter wurden geweiht und sollten vor Verzauberung des Viehs, bei Gewitter und Krankheit Schutz geben. Mariä Himmelfahrt wurde 813 eingeführt und die Kräuterbuschen umgedeutet, um sie in den christlichen Ablauf zu integrieren.

In vielen katholischen Gemeinden Bayerns und im Saarland ist Mariä Himmelfahrt ein Feiertag, außerdem in ganz Österreich und in vielen Kantonen der Schweiz. Vor allem auf dem Land ist die Kräuterweihe noch sehr lebendig. Neben dem Weihen der Kräuterbuschen werden auch Wetterkerzen geweiht, die man im Haus bei Gewitter anzündet.

Hohe Wirkkraft

Auch wenn viel Magie im Spiel ist, so ist es doch unbestreitbar, dass um die Zeit des 15. August herum die Kräuter ihre höchste Wirkkraft besitzen. Eine Ausnahme machen hierbei nur die Johanniskräuter, die nämlich schon am Johannistag, also zur Sommersonnenwende, gepflückt werden.

In vielen Gemeinden gibt es den Brauch, dass Frauen sich am Abend vor Mariä Himmelfahrt treffen, um gemeinsam die Buschen zu binden. Wer nicht selbst einen Strauß mit in die Kirche bringt, kann sich dann einen Buschen kaufen und ihn weihen lassen. Gegen Krankheiten, für das Eheglück und Kindersegen sollen die Buschen wirksam sein und auch bei Gewitter und Blitzschlag das Haus schützen. Mancherorts werden

RECHTS: Zu Mariä Himmelfahrt werden bunte Sträuße geweiht. Das Pflücken der Blumen macht besonders viel Freude.

die Kräutersträuße deshalb im Speicher unter dem Dach verkehrt herum aufgehängt.

Das kommt in den Kräuterbuschen

Wie auch bei den Sonnwendbüscherln werden die Kräuter nicht zufällig ausgewählt. Es gibt jedoch regionale Unterschiede, je nachdem, was die Natur und der Garten hergeben. Vor allem in früheren Zeiten war es sehr wichtig, eine magische Zahl an Kräutern zusammenzustellen: Sieben entsprach den Schöpfungstagen, neun stand für die dreifache Dreifaltigkeit, zwölf für die Apostel und vierzehn für die Nothelfer. Auch von 77 Kräutern in einem Buschen wird berichtet.

◆ Selbermach-Idee ◆
Einen Kräuterbuschen binden

Im Allgemeinen gehören in einen Kräuterbuschen Arnika, Baldrian, Beifuß, Frauenmantel, Kamille, Johanniskraut, Liebstöckel, Pfefferminze, Schafgarbe, Wermut, Margerite, Rainfarn, Raute, Wegwarte und in die Mitte eine Königskerze. Neben der Königskerze spielen auch die Lilie und die Rose im Kräuterbuschen eine große Rolle und werden in manchen Gegenden als Krönung des Straußes in die Mitte gestellt. Diese Marienpflanzen sollen der Jungfrau und Gottesmutter Maria huldigen.

Es ist nicht tragisch, wenn Sie nicht alle Kräuter finden. Auch ein kleinerer Strauß kann gebunden und im Haus aufgehängt werden.

Räuchern mit Kräutern

Das Räuchern ist eine ganz alte Methode und wurde anfangs wahrscheinlich vor allem zu kultischen und zeremoniellen Anlässen durchgeführt. Noch heute wird übrigens hauptsächlich in Indien bei verschiedenen Zeremonien geräuchert. Doch schon bald entdeckte man die heilenden und meditativen Elemente des Räucherns. Beim Verbrennen der Kräuter entfaltet sich ein bestimmter Duft, der über die Nasenschleimhäute aufgenommen wird. Viele Menschen schwören heute wieder auf die heilende Wirkung.

Zum Räuchern wird eine feuerfeste Schale benötigt, in die so viel Sand geschüttet wird, dass der Boden bedeckt ist. Stellen Sie sich ein Teelicht bereit, über dem ein Stück Räucherkohle auf einer Zange zum Glühen gebracht wird. Mit einer Feder oder einem Stück Papier wird etwas Luft gefächelt, bis die Kohle gut durchgeglüht ist. Darauf werden die Kräuter gelegt und der aufsteigende Rauch durch Fächeln im Raum verteilt. Es ist wichtig, sich für das Räuchern viel Zeit zu nehmen. Nur im entspannten Zustand kann sich die Wirkung des Duftes entfalten.

Die Kräuter haben ganz bestimmte Wirkungen. Kamille soll beispielsweise besänftigend und ausgleichend wirken, Melisse den Geist erfrischen und Pfefferminze den Geist klären.

Kräuter räuchern

Nach dem Weihen der Kräuterbuschen werden diese mit nach Hause genommen und zum Trocknen verkehrt herum aufgehängt.

Die getrockneten Kräuter wurden zum Beispiel den Tieren bei Krankheit mit ins Futter gemischt, und wenn die Butter nicht fest wurde, gab man zerriebene Blätter dazu. Aber auch noch viele andere Bedeutungen wurden mit den Kräutern in Verbindung gebracht. Ein Gebet macht das sehr deutlich:

»Gewähre gnädig, dass überall dort, wo auch immer von diesen gesegneten Kräutern etwas aufbewahrt, mitgetragen oder anders verwendet wird, Menschen, Schafe, Vieh, Reit- und Lasttiere heilende Hilfe finden gegen Krankheiten, Seuchen, Geschwüre, Bösartigkeiten und Verwünschungen sowie gegen die Gifte und Bisse der Schlangen und anderer Tiere, aber auch Verteidigung finden gegen teuflische Illusionen, Machenschaften und betrügerische Verführungen.«

Das ganze Jahr räucherten die Menschen außerdem mit den Kräutern. Eine besondere Heilkraft wurde den Kräutern dabei zugesprochen, wenn sie zusammen mit Weihrauch in einem Krankenzimmer geräuchert wurden.

RECHTS: Ein bunter Sommerstrauß ist lange haltbar, wenn er morgens gepflückt wird.

Jahrmärkte

Wenn in der Heimatstadt der Jahrmarkt ansteht, freuen sich die Kinder heute noch genauso unbändig, wie ihre Vorfahren dies schon vor Hunderten von Jahren taten. Die Erwachsenen lassen sich einen Bummel über das Festgelände ebenfalls nicht entgehen, auch wenn der Jahrmarkt inzwischen nicht mehr eine solch große Bedeutung wie früher hat.

Gerade aber in den ländlichen Gegenden bieten Jahrmärkte bis heute Gelegenheit, endlich wieder einmal die weiter entfernt wohnenden Bekannten und Verwandten zu treffen. Zur Kirmes kommen sie alle – das weiß man, und so begegnet man garantiert alten Freunden, die man schon fast aus den Augen verloren hatte, zwischen dem Stand des Zuckerbäckers und dem Kettenkarussell, zwischen Riesenrad und »Hau den Lukas«.

Zugegeben: Manche Volksfeste sind inzwischen sehr auf Kommerz ausgerichtet und geprägt von dicht an dicht sich durch die Gänge schiebenden Menschenmassen, übermäßig lauter Musik und Imbissbuden ohne Ende – sicherlich nicht das Wahre für jedermann. Doch es gibt sie noch, die traditionellen Märkte, die sich ihren Ursprungsgedanken bewahrt haben und mit ihrer ganz besonderen Atmosphäre von einer Zauberwelt voll süßer Verlockungen, bunter Farben und lustiger Klänge vor allem die Kinder faszinieren.

Vor einigen Jahrhunderten lebten die Städte von ihren Märkten. In erster Linie waren das die klassischen Handelsmärkte. Doch auch damals bestand Konkurrenz zwischen den einzelnen Marktflecken, und um einen Markt erfolgreich zu etablieren, ließen sich die Händler und die Stadtobrigkeiten einiges an Attraktionen für möglichst viele Besucher einfallen. Auf Traditionsmärkten ist diese Verbindung bis heute sichtbar, gehört doch oft noch ein Viehmarkt zum Programm, auf dem wie früher per Handschlag Rinder, Pferde und allerhand Federvieh den Besitzer wechseln.

Das Wort »Kirmes« verrät, dass viele Jahrmärkte religiöse Ursprünge besitzen. Das mittelhochdeutsche »kirmesse« bedeutet Kirchmesse: ein Fest, das zur Einweihung einer Kirche und später auch in jährlicher Erinnerung daran gefeiert wurde. Die weltlichen Elemente wie Speis und Trank, Spielbuden für die Kinder sowie Musik und Tanz gesellten sich später dazu und ließen die Kirmes zu einem echten Volksfest werden, das in verschiedenen Städten ganz eigene Namen tragen kann – so geht man in Stuttgart auf den »Wasen«, im Elsass zum »Bungert«

und die Hamburger lieben ihren »Dom«. Je nach Region sind auch die Feiertraditionen unterschiedlich, und beim Besuch eines Jahrmarkts erfährt man noch immer viel über das jeweilige Brauchtum vor Ort.

Volksfeste sind heute zu Recht als wichtiges Kulturgut anerkannt und ihre Tradition wird gepflegt. Der alljährliche »Rummel« vor der eigenen Haustür gehört für viele Menschen zu den wichtigsten Terminen im Jahr und schafft regionale Identität. Das Schlendern über den Marktflecken bietet beste Gelegenheit zum Plausch mit Menschen aus der Nachbarschaft, mit denen man sonst aufgrund unterschiedlicher Berufe oder Hobbys kaum Berührungspunkte hat. Es besteht kein Zweifel: Jahrmärkte sind ein Stück Heimat!

♦ Rezept-Idee ♦
Liebesäpfel

Zutaten
6 säuerliche Äpfel ¦ 500 g Zucker ¦ 75 ml Wasser ¦
1 TL rote Lebensmittelfarbe ¦ 1 TL Zitronensaft

Sechs säuerliche Äpfel waschen, gut abtrocknen und die Stiele entfernen. In den Stielansatz jeweils einen Stab aus unbehandeltem Holz stecken.

Den Zucker, das Wasser, die rote Lebensmittelfarbe und einen Teelöffel Zitronensaft in einen Topf geben und verrühren. Die Mischung unter Rühren aufkochen lassen und so lange weiterrühren und kochen, bis der Zucker sich aufgelöst hat und leicht karamellisiert.

Den Topf mit der klaren Zuckerlösung vom Herd nehmen und die Äpfel nacheinander hineintauchen. Am Holzstäbchen kann man sie gut drehen, bis sie rundherum mit dem Sirup überzogen sind. Die Äpfel auf einen mit Zucker bestreuten Teller stellen und abkühlen lassen. Der Überzug wird dabei fest.

Barthelmarkt in Oberstimm

Zu den ältesten Volksfesten in Deutschland zählt der Barthelmarkt in Oberstimm im Landkreis Pfaffenhofen, südlich von Ingolstadt. Er findet alljährlich um den 24. August statt, dem Namenstag des heiligen Bartholomäus, und zwar mindestens seit 1354, als er erstmals schriftlich erwähnt wurde, möglicherweise als Pferde- und Viehmarkt jedoch schon weitaus länger. Noch heute ist einer der Höhepunkte der letzte Tag des viertägigen Marktes, der Montag, mit dem traditionellen Rossmarkt.

Zigtausende Besucher treffen sich bereits in aller Herrgottsfrüh vor Sonnenaufgang, fachsimpeln über die Qualität der ausgestellten Vierbeiner und tauchen in die besondere Stimmung ein, die von den Pferdekennern, den Tieren und dem live mitzuerlebenden Handelsgeschäft wie in alten Zeiten ausgeht. Auch auf das Wetter haben die Menschen am 24. August ein besonderes Auge. Denn der Namenstag von Bartholomäus galt früher als traditionelles Ende des Sommers; bis hierhin sollte die Getreideernte abgeschlossen sein, nun konnte die neue Aussaat beginnen. Damit verbunden sind entsprechend viele Bauernregeln, die das Herbst- und Winterwetter vorauszusagen versuchten, zum Beispiel: »Bleiben Störche nach Bartholomä, kommt ein Winter, der tut nicht weh.«

Schäferlauf in Markgröningen

Ein typisch baden-württembergisches Heimatfest ist der ebenfalls um Bartholomäus stattfindende Schäferlauf. Auch seine Ursprünge reichen bis ins Mittelalter zurück, als sich die Schäferzunft auf Geheiß des württembergischen Herzogs in Markgröningen traf, um formale Angelegenheiten des Zunftwesens zu regeln. Dazu gehörten außerdem Wettbewerbe als Leistungsvergleichsschauen. Von Anfang an war ein Markt mit diesen Treffen verbunden.

Zwar ist die Zunft seit 1828 aufgelöst, doch das Fest besteht weiter. Die Schäfer und ihre Tiere stehen noch immer im Mittelpunkt – sie demonstrieren das Leistungshüten ebenso wie den traditionellen Schäferlauf im engeren Sinne, einen Barfußlauf über ein 300 Schritt langes Stoppelfeld. Hier beweisen die Schäfer, dass sie schneller als ein flüchtendes Schaf sein können. Die Siegerin und der Sieger werden zu Schäferkönigin und Schäferkönig ernannt – noch immer eine hohe Auszeichnung und Ehre.

Daneben hat sich die viertägige Veranstaltung zu einem beliebten Heimatfest entwickelt, bei dem Musikkapellen und Trachtengruppen ihre Auftritte haben. Der Krämermarkt im historischen Stadtkern lockt die Besucher ebenso wie der historische Kunsthandwerkermarkt – und natürlich der Schäfermarkt, bei dem es Produkte aus der Schäferei zu erwerben gibt, während nebenan Schafrassen präsentiert und Schafe geschoren werden.

LINKS: Früher gehörten zu vielen Jahrmärkten auch Viehmärkte – eine Tradition, die sich zum Beispiel beim Barthelmarkt erhalten hat.
RECHTS: Beim Anblick der Karussellpferde werden Kindheitserinnerungen wach.

Richtfest

Für jeden Bauherrn ist es ein Moment voller Stolz und Glück, wenn beim künftigen Heim der Dachstuhl aufgerichtet ist und sich das »Gesicht« des neuen Bauwerks deutlich erkennen lässt. Seit vielen Jahrhunderten wird dieser Bauabschnitt gefeiert – mit einem zünftigen Richtfest zum Dank an alle Bauhelfer und zum Schutz des Hauses vor allen negativen Einflüssen.

Welch arbeitsreiche Zeit liegt hinter allen Beteiligten, bis der Rohbau steht, und wie viel Mühe bei den zahlreichen Gewerken des Innenbaus wird noch nötig sein, bis die Bewohner endlich einziehen können. Doch all dies ist mitten in der Bauphase wenigstens für einen Tag vergessen – dann nämlich, wenn die ganze Arbeitsmannschaft, Nachbarn und Freunde zum Richtfest eingeladen werden.

Freude, Stolz und auch ein wenig Erleichterung mischen sich, wenn das Haus zum geplanten Termin ohne Pannen und ohne Unfälle »unter Dach und Fach« ist, denn noch heute gehört das Aufrichten des Dachstuhls trotz moderner technischer Hilfsmittel zu den anspruchsvollsten und gefährlichsten Arbeiten beim Hausbau.

Richtkrone und Richtspruch

Bevor der Zimmermeister auf dem Dach stehend den Richtspruch vorträgt und im Anschluss daran sein Glas zu Boden wirft, wird die Richtkrone beziehungsweise der Richtbaum befestigt. Ob zu einem Kranz gebundenes Grün oder eine ganze junge Fichte: In jedem Fall wird der Schmuck mit bunten Bändern verziert und an der am besten sichtbaren Stelle des Giebels positioniert. In manchen Gegenden ist es Tradition, dass die Gäste in Gruppen mehrere Richtkronen mitbringen – sie werden dann nebeneinander aufgehängt und ergeben ein eindrucksvolles Symbol für Lebenskraft und Freude. Da die Richtkrone auch böse Geister fernhalten soll, wird sie später nicht entsorgt, sondern in einem Nebengebäude, wie einem Schuppen oder einer Scheune, aufbewahrt.

Ein Richtspruch

Die Feierstunde hat geschlagen,
es ruhet die geübte Hand.
Nach harten, arbeitsreichen Tagen
grüßt stolz der Richtbaum nun ins Land.

Und stolz und froh ist jeder heute,
der tüchtig mit am Werk gebaut.
Es waren wack're Handwerksleute,
die fest auf ihre Kunst vertraut.

Drum wünsche ich, so gut ich's kann,
so kräftig wie ein Zimmermann,
mit stolz empor gehobnem Blick
dem neuen Hause recht viel Glück.

Wir bitten Gott, der in Gefahren
uns allezeit so treu bewahrt,
er mög' das Bauwerk hier bewahren
vor Not und Schaden aller Art.

(Quelle: www.richtfest.info)

Nun nehm' ich froh das Glas zur Hand,
gefüllt mit Wein bis an den Rand,
und mit dem feurigen Saft der Reben
will jedermann die Ehr' ich geben,
wie sich's nach altem Brauch gebührt,
wenn so ein Bau ist ausgeführt.

Das erste Glas der Bauherrschaft:
Hoch soll sie leben, hoch, hoch, hoch!

Nun brauchte man zu allen Zeiten
nicht nur den Kopf, nein auch die Hand.
Drum noch ein Hoch den Zimmerleuten,
durch deren Kraft der Bau erstand.
Hoch sollen sie leben, hoch, hoch, hoch!

Nun ist das Glas wohl ausgeleert
und weiter für mich nichts mehr wert,
drum werf' ich es zu Boden nieder –
zerschmettert braucht es keiner wieder.

Traditionell banden früher die jungen Mädchen aus der Nachbarschaft die Richtkrone, brachten sie auf einem Leiterwagen zum Bau und besangen ihr Werk, bevor es aufgehängt wurde. Oft befestigten sie daran ein kleines rotes Tuch mit einem Geldstück für den Zimmermeister – der »Charlottenburger« oder »Berliner« gilt als Symbol für die Zimmermannsbekleidung. Früher war die Arbeit der Zimmerer nach dem Richtfest beendet, sie zogen weiter und hofften, dass der Bauherr ihnen reichlich Brot, Käse und Wurst zum Einpacken in ihre Charlottenburger schenken würde. Der Richtspruch des Zimmermeisters bringt in gereimter Sprache zum Ausdruck, dass ein prachtvoller Bau entstanden ist. Gelobt werden der Bauherr mit seiner Familie sowie die Handwerker. Oft wird der Text individuell passend auf das Haus und die beteiligten Personen abgestimmt. Zwischendurch prostet sich die gesamte Festgesellschaft zu, und zum Abschluss gibt es einen kräftigen Applaus, wenn das Glas des Zimmermeisters am Boden zerspringt, was Glück und Schutz vor einem Einsturz des Hauses verheißt.

Ein Anlass zum Feiern

Anschließend wird im rustikalen Rahmen gefeiert, nicht selten schon mit Tisch und Bank im Rohbau, sodass festes Schuhwerk und unempfindliche Kleidung für alle Beteiligten zur richtigen Ausstattung gehören. Mit Speis und Trank bringt der Bauherr seinen Dank den Handwerkern gegenüber zum Ausdruck – und stimmt diese auch gnädig für die kommenden Aufgaben auf der Baustelle. So manchem Bauherrn soll es schon zum Verhängnis geworden sein, wenn er sich das Richtfest »sparen« wollte: Die Maurer rächten sich dann, indem sie eine leere Bierflasche mit der Öffnung zur Windseite hin gut versteckt unter dem Giebel einmauerten. So entstand ein heulendes Geräusch, das den Bewohnern so lange Schlaf und Nerven raubte, bis der Bauherr ein Einsehen hatte und die Maurer mit Aussicht auf ein üppiges Mahl dazu bewegen konnte, die Flasche wieder zu entfernen.

In früheren Zeiten gehörte zu ausnahmslos jedem Bauwerk ein Richtfest, brachte man damit doch nicht nur den Dank an die Beteiligten zum Ausdruck, sondern bat zugleich den Herrgott, dem neuen Haus seinen Segen zu geben und es mit seinen Bewohnern allezeit vor Unheil, Blitzschlag, Feuer und jeglichen negativen Einflüssen zu schützen. Deshalb stand früher am Morgen des Richtfesttages oft ein Gottesdienst in der Kirche auf dem Programm. Auch der Aberglaube spielte eine große Rolle: Zum Hausbau mussten Bäume gefällt werden, und der immergrüne Richtbaum auf dem Dach war auch ein Dank an den Wald, verbunden mit der Hoffnung, böse Waldgeister nicht erzürnt zu haben. Der uralte Brauch, mit rasselnden Ketten die Geister und jegliches Unheil vom Haus fernzuhalten, hat sich teilweise bis heute erhalten.

LINKS: Reichtum und den Schutz vor dem Bösen – dies symbolisieren Brot und Salz.
RECHTS: Haussegen gibt es in den unterschiedlichsten Ausführungen – Hauptsache, sie hängen nicht schief.

Zum Einzug Brot und Salz

Ein schöner Brauch für alle Gäste einer Einweihungs-
feier ist das Mitbringen von Brot und Salz, wobei den
Gestaltungsmöglichkeiten kaum Grenzen gesetzt sind
und sich die Gabe zum Beispiel durch einen schönen
Brotkorb oder ein besonderes Geschirrtuch hübsch
gestalten lässt. Das Brot steht symbolisch für den
Wunsch an die Bewohner, sie mögen immer genug zu
essen im Haus haben, also keine Not leiden. Salz ist,
auch wenn es sich inzwischen vom kostbaren Gut und
Zahlungsmittel zum Allerweltsgewürz gewandelt hat,
noch immer ein Zeichen für Reichtum und Wohlstand.
Als Geschenke des Himmels stehen das tägliche Brot
und das Salz in der Suppe auch als Elemente zum
Schutz vor dem Bösen und symbolisieren zudem Sess-
haftigkeit und Fruchtbarkeit.

Ganz wichtig ist die erste Nacht, die man im neuen
Zuhause verbringt: Einem alten Aberglauben zufolge
geht das, was man in dieser Nacht träumt, in Erfüllung.

Der Haussegen

Wenn der Haussegen schief hängt, ist es um die gute
Stimmung daheim geschehen. Jeder kennt dieses Sprichwort, das früher einen ganz konkreten Bezug hatte. Denn
zu den christlichen und insbesondere katholischen Bräuchen gehörte es, ein neues Haus mit einem Haussegen
zu schmücken. Meist war dies eine mit einem Spruch
versehene Tafel aus Holz oder Metall, die über der Tür
aufgehängt wurde. »Herr, segne dieses Haus« stand zum
Beispiel darauf oder »Gottes Auge halte Wacht in diesem
Hause Tag und Nacht«. Beim heftigen Zuschlagen der
Tür passierte es allerdings, dass das Schild in Schieflage
geriet: Der Haussegen hing schief. Noch heute besteht
ein guter Ratschlag darin, so schnell wie möglich even-
tuellen Ärger aus der Welt zu schaffen und den Haussegen wieder geradezurücken. Geschnitzte, geschmie-
dete oder gestickte Haussegen sind zwar nicht mehr
jedermanns Sache. Der Brauch, Glück, Frieden und
den Schutz Gottes zu wünschen, kann jedoch auch in
modernerer Variation am Leben erhalten werden.

Brauchtum im Herbst

Von Erntedank, Kirchweih und Sankt Martin

Frauendreißiger

Mit Mariä Himmelfahrt beginnt die Zeit der Frauendreißiger. Bis zu Mariä Namen, 30 Tage später, ist die günstigste Zeit zum Kräutersammeln, da die Heilkräuter während dieser Zeit ihre meisten Inhaltsstoffe und Wirkkraft haben. Auf den gesammelten Wurzeln und Kräutern liegt außerdem ein besonderer Segen. Die alte Tradition lebt auch heute noch fort und ist durchaus nachahmenswert.

Vom 15. August bis 12. September dauern die Frauendreißiger an, die besonders in katholischen Gegenden im bayerisch-tirolischen Raum mit einer großen Marienverehrung verbunden sind. Den gesammelten Kräutern wurden große Heil- und auch Zauberkräfte zugesprochen. Früher galt die ganze Zeit als besonders mystisch. So glaubte man, dass Hühnereier, die zwischen dem 15. August und dem 12. September gelegt wurden, besonders lange halten, und Küken, die in dieser Zeit schlüpften, sollten schon an Weihnachten die ersten Eier legen.

Wir wissen heute, dass viele Kräuter tatsächlich im Sommer und an sonnigen Tagen mehr Inhaltsstoffe enthalten und einlagern als zu anderen Zeiten. Dieses Wissen hatten auch schon die Menschen vor Hunderten von Jahren.

Kräuter sammeln und trocknen

Die Inhaltsstoffe verschiedener Kräuter können wir uns auch heute noch zunutze machen, um kleinere und größere Beschwerden auf natürliche Weise zu lindern.

Sie sollten bedenken, dass nicht mehr ohne Weiteres überall gesammelt werden darf. Immer mehr Pflanzenarten sind aus verschiedenen Gründen auf dem Rückzug. Vergewissern Sie sich am besten vorher in der Gemeinde, ob Kräuter gesammelt werden dürfen. Mittlerweile bieten Kräuterfrauen auch geführte Wanderungen an. Das ist eine schöne Möglichkeit, Kräuter und ihre Heilwirkung kennenzulernen.

Meist sind es nur wenige Kräuter, die dann tatsächlich auch genutzt werden. Pfefferminze, Kamille, Rosmarin und Majoran wachsen sehr gut im Garten und sogar im Topf. Sie können also auch einen kleinen Kräuter- oder Kräutertopfgarten anlegen und während der Frauendreißiger ernten.

RECHTS: Wirkstoffe von Kräutern können in Öl »ausgezogen« werden.

♦ Selbermach-Idee ♦
Kräuter für die Hausapotheke

Die Kräuter werden am besten an einem nicht zu sonnigen Vormittag geschnitten, zu Bündeln zusammengebunden und an einem luftigen Platz zum Trocknen aufgehängt. Schneller geht es im Backofen. Bei etwa 45 Grad und leicht offener Backofentür dauert es nur einige Stunden, bis die Blätter und Stängel trocken sind. Raschelt das Laub beim Berühren, ist die Trocknung abgeschlossen und die Kräuter können in dunklen Gläsern etwa ein Jahr aufgehoben werden. Vergessen Sie die Beschriftung der Gläser nicht!

Vor allem Tees lassen sich aus getrockneten Kräutern gut herstellen. Pfefferminztee hilft bei Magenbeschwerden, gegen Kopfschmerzen und vorbeugend gegen Erkältung.

Blütenfest in Wiesmoor

Es gibt sehr viele Blütenfeste in Deutschland. Die meisten finden im Frühling statt, wenn die Natur wieder erwacht. Zu einem ganz anderen Zeitpunkt, nämlich im Herbst, wird dagegen in Wiesmoor gefeiert. Das Fest ist nicht der Freude über den Frühjahrsbeginn gewidmet, sondern dem Dank für die reiche Ernte. Und auch im Herbst gibt es Blüten!

Am ersten Sonntag im September wird in Wiesmoor das Blütenfest gefeiert, und das traditionell schon seit 1951. Das Fest ist ein Höhepunkt in Norddeutschland, und unter den vielen Blütenfesten, die ansonsten in Deutschland begangen werden (siehe Seite 26), ist es allein schon wegen des Termins eine Besonderheit.

Ein Erntedankfest der besonderen Art

Wiesmoor liegt in Ostfriesland ganz nah an der Küste und wird oft auch als Hauptstadt der Blumen bezeichnet. Und tatsächlich gibt es keinen Ort in Deutschland, an dem mehr Blumen kultiviert und gekauft werden – jährlich sind es 35 Millionen Topfpflanzen.

Kein Wunder, dass es hier ein Blütenfest gibt, bei dem fast die ganze Bevölkerung mitwirkt. Fünf Tage lang wird ein kleines Volksfest gefeiert, bei dem sich alles um die Hauptattraktion dreht: Blüten. Kinder, Jugendliche und Erwachsene arbeiten tagelang in gemeinschaftlicher Zusammenarbeit an den vielfältigen Figuren, die beim Blütenkorso präsentiert werden. Kutschen, Tiere, Gesichter – alles besteht aus verschiedenfarbigen Blüten. Auf den Wegen werden wunderschöne Blütenteppiche angelegt, die ihresgleichen suchen.

Es ist ein Erntedankfest im ganz großen Stil. Die meisten Menschen leben seit vielen Jahrzehnten vom Blumenanbau und -verkauf und so stehen auch die Blumen im Mittelpunkt dieses Dankfestes. Die üppige Fülle an Farben und Blütenformen ist einfach unvergleichlich und lässt die Besucher jedes Jahr aufs Neue staunen.

Der absolute Höhepunkt des Festes ist die Wahl der Blütenkönigin, die ein ganzes Jahr lang die Stadt Wiesmoor in Deutschland präsentieren wird, und der anschließende Blütenkorso.

RECHTS: Garten-Dahlien werden nach ihren Blüten eingeteilt. Es gibt Pompon-Dahlien, Kaktus-Dahlien und viele andere Blütenformen.

◆ Selbermach-Idee ◆
Herbststrauß

Nicht nur der Frühling, auch der Herbst hält eine besonders üppige Blütenfülle bereit: Herbstastern und Chrysanthemen, Dahlien, Herbstanemonen und Sonnenblumen. In vielen Bauerngärten blühen Sonnenblumen in allen Größen, die für schöne Sträuße geschnitten werden oder auch stehen bleiben, damit die Vögel in der kalten Jahreszeit noch etwas zu fressen haben. Und weil Sonnenblumen auch in Töpfen gut wachsen, kann man sich den Herbst auf Balkon und Terrasse holen. Besonders niedrig wachsende Sonnenblumen eignen sich für die Topfbepflanzung. Nach dem Verblühen entwickeln sich die Samen, und wenn Sie die Blumen auf dem Balkon oder der Terrasse stehen lassen, werden sich bald auch heimische Vögel ein Stelldichein geben. Eine ideale Voraussetzung für die Vogelbeobachtung.

Dithmarscher Kohltage

Alljährlich in der zweiten Septemberhälfte geht es im wahrsten Sinne des Wortes rund in der Region Dithmarschen in Schleswig-Holstein: Europas größtes geschlossenes Kohlanbaugebiet feiert mit den »Dithmarscher Kohltagen« den Beginn einer neuen Erntesaison. Der ganzen Vielfalt des gesunden Gemüses kann man bei diversen Veranstaltungen auf die Schliche kommen.«

Kohl, so weit das Auge reicht

Besucher der Region Dithmarschen, die mit ihrer Lage zwischen der Nordsee im Westen, der Elbe im Süden, dem Nord-Ostsee-Kanal im Osten und dem Fluss Eider im Norden bei Feriengästen sehr beliebt ist, staunen oft nicht schlecht über die riesigen Flächen, die hier mit Kohlköpfen bepflanzt sind. Der fruchtbare Marschboden und ausreichend Regen bieten vor allem dem Weißkohl, aber auch diversen anderen Kohlsorten vom Rosenkohl bis zum Wirsing die besten Wachstumsbedingungen. Nicht zu vergessen der salzige Wind, der recht beständig von der Nordsee her über das Land weht. Er macht den Kohlschädlingen auf natürliche Art und Weise das Leben schwer.

Am Ende des 19. Jahrhunderts stiegen die Dithmarscher Bauern immer mehr vom Rübenanbau auf den Kohlanbau um. Die Nachfrage war riesig, und von Anfang an wurden die Kohlköpfe bis nach Berlin und München sowie ins Ausland exportiert. Heute ist Kohl ein bedeutender Wirtschaftszweig für die Region, rund 80 Millionen Kohlköpfe werden auf etwa 2800 Hektar Fläche angebaut und europaweit vermarktet.

Kulinarisches und Informatives

Noch immer sind es vorwiegend Familienbetriebe, in denen von Ende März bis in den Juni hinein Kohl gepflanzt wird. Auch wenn die Ernte für den ersten Kohl bereits im Spätsommer beginnt: Traditionell gilt der sogenannte Kohlanschnitt im September als offizieller Startpunkt in die Erntesaison. Als Gegenstück zu den süddeutschen Weinfesten gibt es seit 1986 die Dithmarscher Kohltage, die von diversen Vereinen und Verbänden, von regionalen Vertretern aus Wirtschaft und Politik sowie von der Gastronomie mit viel Leben gefüllt werden. Natürlich stehen allerorts Kohlverkostungen auf dem Programm. In den Gaststätten kommen diverse klassische und auch ungewöhnliche Gerichte mit Kohl in allen Variationen zu günstigen Preisen auf den Tisch und stellen die köstliche Vielfalt und das kulinarische Potenzial des einstigen Allerweltsgemüses unter Beweis –

oft kombiniert mit anderen typischen Zutaten der Dithmarscher Küche wie Deichlamm, Rindfleisch, Nordseekrabben oder Fisch.

Eine besondere Attraktion ist die Wahl der Kohlregentin, die als Repräsentantin der Region jeweils ein Jahr lang auch über die Heimatgrenzen hinaus im Einsatz ist. Noch heute legt man viel Wert darauf, dass in der einstigen Bauernrepublik Dithmarschen keine Königinnen, sondern Regentinnen gewählt werden. Das Amt wird jeweils zwei Jahre ausgeübt, sodass sich die Amtszeiten zweier Regentinnen jeweils ein Jahr überlappen – das hilft beim Einstieg in das besondere Ehrenamt. So begleiten die jungen Damen zum Beispiel die Prominenz, meist aus der schleswig-holsteinischen Landespolitik, beim offiziellen Kohlanschnitt und repräsentieren ihre Heimat auf der »Grünen Woche« in Berlin, der weltgrößten Ernährungs- und Landwirtschaftsmesse.

Bei den Dithmarscher Kohltagen gibt es neben viel Spaß und Unterhaltung in nahezu allen Städten und Gemeinden aber auch reichlich Informatives über den Kohl und die Geschichte Dithmarschens zu erfahren. Pflicht ist ein Besuch des »Kohlosseums«. So heißt das Kohlmuseum in der kleinen Stadt Wesselburen, das von einem Förderverein in der ehemaligen Sauerkrautfabrik eingerichtet wurde – ein schmuckes Backsteingebäude, das zugleich besonderes Kulturdenkmal ist. Zusätzlich zur Dauerausstellung lockt das Kohlosseum an den Dithmarscher Kohltagen mit einem Bauernmarkt, der Präsentation regionalen Kunsthandwerks und Vorführungen zur traditionellen Sauerkrautherstellung. Dort, wo bis 1995 noch 120 Mitarbeiter Sauerkraut- und Gemüsekonserven produzierten, wird heute in der Krautwerkstatt gezeigt, wie frischer Bio-Weißkohl mit Salz und unter Verwendung eines speziellen Stampfverfahrens zu Sauerkraut vergoren wird, das als deutsches Nationalgericht, aber auch als wertvoller Vitamin- und Mineralstofflieferant bei geringem Kaloriengehalt berühmt geworden ist und nach wie vor gerne gegessen wird.

♦ Rezept-Idee ♦
Dithmarscher Kohlrouladen

Zutaten

1 Weißkohl (am besten schmeckt der zarte, große Septemberkohl) ¦ 500 g gemischtes Hackfleisch ¦ 1 gehackte Zwiebel ¦ 80 g Quark ¦ 2 Eier ¦ Salz ¦ Pfeffer ¦ Paprikapulver ¦ 3 EL Bratöl ¦ Etwas Brühe ¦ 100 g Sahne ¦ Tomatenmark zum Abschmecken ¦ Mehl zum Andicken

Den Weißkohlkopf vorbereiten: Die äußeren Blätter entfernen und von unten den harten Strunk aushöhlen, sodass die Blätter schon etwas vom Strunk gelöst sind. Einen großen Kochtopf, in den der Kohlkopf gut hineinpasst, zu einem Drittel mit Wasser füllen und das Wasser zum Kochen bringen. Den Kohl hineinlegen, eventuell mit Wasser nachfüllen, sodass der Kohl komplett mit Wasser bedeckt ist. Bei siedendem Wasser werden die Blätter weich, lösen sich und können nach und nach herausgenommen werden. Für vier Personen werden acht große Blätter benötigt. Die Kohlblätter zum Abtropfen auf ein Sieb oder Handtuch legen. Die dicken Blattrippen mit einem Messer etwas abflachen.

Für die Hackfüllung das Hackfleisch, die Zwiebelwürfel, den Quark, die Eier und die Gewürze durchkneten. Die Hackmasse abschmecken. Die abgetrockneten Kohlblätter nebeneinander auslegen, die Hackmasse darauf verteilen, die Seiten einschlagen und aufrollen. Die Hackmasse muss gut mit Kohl bedeckt sein. Jede Kohlroulade auf ein Handtuch legen, einrollen und das Handtuch »auswringen«. So wird das letzte Wasser aus den Blättern herausgedrückt und die Kohlroulade kann ohne Bindfaden oder Rouladennadel angebraten werden.

LINKS: Im Spätsommer reiht sich auf den Feldern ein knackig grüner Kohlkopf an den anderen.
RECHTS: Kohlrouladen gibt es in diversen Variationen – wohl jede Dithmarscher Familie hat ihr Geheimrezept.

Die Rouladen in heißem Öl in einer Pfanne rundherum anbraten, anschließend in einen Bräter geben. Die abgelöschte Flüssigkeit aus der Pfanne dazugeben und den Bräter eventuell mit etwas Brühe auffüllen. Der Topfboden sollte ein bis zwei Zentimeter hoch mit Flüssigkeit bedeckt sein. Die Rouladen 40 bis 60 Minuten schmoren lassen. Nach dem Garen auf einer warmen Platte anrichten.

Den Sud eventuell mit etwas Wasser und Sahne auffüllen, sodass genügend Soße vorhanden ist. Mit gekörnter Brühe und Tomatenmark abschmecken, mit Mehl andicken. Dazu Salzkartoffeln servieren.

Oktoberfest

In der ganzen Welt ist das Oktoberfest bekannt und beliebt. Von weit her reisen
Tausende Menschen nach München, um bei Haxn, Weißwurst, Hendl und einer Maß Bier
beim größten Volksfest der Welt dabei zu sein. Schon vor 200 Jahren, als alles seinen
Anfang nahm, waren die Feierlichkeiten ein großes Spektakel.

In ganz Bayern haben Oktoberfeste eine lange Tradition. Im Oktober begann eine neue Brausaison und das alte Märzenbier musste aufgebraucht werden. Das Oktoberfest, wie wir es heute kennen, hat allerdings einen anderen Ursprung. Nach der Auflösung des Heiligen Römischen Reiches Deutscher Nationen wurde 1806 das Königreich Bayern gegründet. Vier Jahre später vermählten sich am 12. Oktober 1810 Kronprinz Ludwig und Prinzessin Therese von Sachsen-Hildburghausen. Fünf Tage lang wurde gefeiert und die ganze Münchner Innenstadt dabei zu einer riesigen Bühne umfunktioniert.

An diesem ersten Volksfest im Oktober wurde als eine der Attraktionen ein Pferderennen auf einer Wiese vor den Toren Münchens organisiert. Auf der heutigen Theresienwiese oder, wie die Münchner sagen, der Wiesn findet noch immer das Oktoberfest statt. Damals bekam die Wiese den Namen Theresens-Wiese zu Ehren der Braut. Die Feierlichkeiten waren rundherum ein Erfolg, und so beschloss das bayerische Königshaus zur großen Freude der Bevölkerung, das Fest auch ein Jahr später zur gleichen Zeit wieder zu veranstalten. Der Grundstein für das traditionsreiche Oktoberfest war gelegt. Rund sechs Millionen Menschen lockt das Fest jährlich an, das seit 1872 am Samstag nach dem 15. September eröffnet wird. Grund dafür ist das meist schlechte Wetter im Oktober.

♦ Rezept-Idee ♦
Selbst gemachte Laugenbrezeln

Zutaten
1 Päckchen frische Hefe ¦ 250 ml + 200 ml Wasser ¦ 500 g Mehl ¦ 2 TL Salz ¦ 2 TL Zucker ¦ 1 Päckchen Backpulver ¦ 20 g zerlassene Butter ¦ 2 TL Salz ¦ Grobes Salz zum Bestreuen

RECHTS: Lebkuchenherzen könnte man fast schon als eine Art Gebildbrot bezeichnen.

Die Hefe zerbröckeln und in etwas lauwarmem Wasser auflösen. Mehl, Salz, Zucker und Backpulver mischen, die aufgelöste Hefe untermischen, dann die zerlassene Butter und so viel des restlichen lauwarmen Wassers verkneten, dass ein Teig entsteht, der weder zu fest noch zu klebrig ist. Den Teig abgedeckt 30 Minuten an einem warmen Platz gehen lassen, dann alles nochmals durchkneten. Etwa 15 längliche Rollen formen, die in der Mitte dicker und an den Enden dünner sind, und zu Brezeln legen.

Für die Natronlauge das Salz im Wasser auflösen. Die so entstandene Lauge in einen Topf mit Wasser gießen und zum Kochen bringen. Bei mittlerer Hitze kochen lassen und unterdessen jede Brezel für 30 Sekunden in das kochende Wasser halten. Auf einem Rost abtropfen lassen. Anschließend die Brezeln im Kühlschrank 30 Minuten ruhen lassen. Die Brezeln mit Wasser bestreichen und mit dem groben Salz bestreuen. Etwa 20 Minuten bei 280 Grad (Umluft) backen, dabei die Ofentür geschlossen halten.

Kirchweih

In vielen ländlichen Gemeinden ist noch heute die Kirchweih fest im Brauchtum verankert.
Trachten, Kirmesbuschen, Kirchweihbaum und eine zünftige Feier gehören dazu.
Früher war die Kirchweih eines der beliebtesten Feste: Drei Tage wurde gefeiert, getanzt und
gut gegessen. Sie stärkt außerdem die dörfliche Gemeinschaft.

Der Name verrät schon den eigentlichen Ursprung des Festes: Wenn eine Kirche oder ein kirchliches Gebäude eingeweiht wird, dann feiert man ein Fest; am Tag der Einweihung und auch später jedes Jahr. Dieser Brauch existiert seit dem Mittelalter, und Kirchweihfeste werden in katholischen und protestantischen Gemeinden gleichermaßen gefeiert.

Seit Mitte des 19. Jahrhunderts gibt es einen festen Termin für die Kirchweih, den dritten Sonntag im Oktober. In Bayern und auch in anderen Bundesländern wird an diesem Tag die Allerweltskirwa gefeiert, die seit 1886 die traditionelle Kirchweih ersetzen sollte. In jedem Ort war nämlich an einem anderen Sonntag Kirchweihfest, und da die Bewohner der Dörfer sich gegenseitig besuchten, nahmen die Trinkgelage überhand. Allerdings gibt es auch eine ganze Reihe Ausnahmen von dieser Regel. Oberpfälzer und Franken scherten sich nicht um die Verordnung und feiern noch heute, wann es ihnen passt.

Regionale Unterschiede

Noch heute ist die Kerwa, Kirwa, Kärwa, Kirta oder Kirmes ein wichtiges Fest in vielen Gemeinden. Der späte Termin im Oktober eignete sich gut, denn die Ernte war meist eingefahren und es konnte ausgelassen gefeiert werden.

Meist beginnt die Kirchweih bereits am Donnerstag, welches Brauchtum gepflegt wird, ist regional allerdings unterschiedlich. Im hessischen Odenwald wird die Kerwe zum Beispiel ausgegraben, das »Kirchweih Begraben« wird häufig zum Abschluss am Montag veranstaltet. Leckeres Essen, Musik und Tanz gibt es aber überall. Typisch ist auch besonderes Gebäck wie die Kirchweihkrapfen, die in vielen Häusern auch noch selbst gebacken werden.

RECHTS: Kirchweihkrapfen können regional unterschiedlich aussehen.

♦ Rezept-Idee ♦
Kirchweihkrapfen

Zutaten
250 g Roggenmehl ¦ 2 Eigelb ¦ 2 EL Zucker ¦ 1 Päckchen Vanillezucker ¦ 125 ml Milch ¦ 50 g flüssige Butter ¦ 1 TL Rum ¦ 50 g gemahlener Mohn ¦ 125 ml Milch ¦ 1 Prise Zimt ¦ 1 Prise Nelkenpulver ¦ 200 g Marillenmarmelade ¦ Schmalz zum Ausbacken ¦ Puderzucker

Mehl, Zucker, Vanillezucker und Eigelb miteinander vermischen. In der Mitte eine Kuhle formen und Milch, Butter und Rum hineingeben. Alles zu einem glatten Teig verarbeiten. Den Teig 30 Minuten ruhen lassen. Den Mohn in der Milch dick einkochen. Mit der Marillenmarmelade und den Gewürzen vermischen. Den Teig in zwei Teile teilen und jeweils zu einem Rechteck auswellen. Auf eine Teigplatte kleine Häufchen der Füllung setzen. Mit der zweiten Platte abdecken. Mit einem Rädchen jeweils um die Füllung herum Vierecke ausrädeln. In heißem Fett schwimmend backen, abtropfen lassen und mit Puderzucker bestreuen.

Latwerge kochen

In vielen hessischen Dörfern wurde früher gemeinschaftlich Latwerge oder Pflaumenmus gekocht. Das starke Einkochen macht das Mus haltbar, und so wurden Vorräte für das ganze Jahr, vor allem aber für den Winter angelegt. Das Mus musste stundenlang kochen und dabei gerührt werden. Neben dieser ziemlich schweren Arbeit blieb immer noch Zeit für einen Schwatz.

In Zeiten, als es noch keine Supermärkte gab und auch kein Obst aus fernen Ländern, waren die Menschen auf das Obst aus dem Garten und der Natur angewiesen. Nichts wurde weggeschmissen, alles verarbeitet und genutzt. Neben dem frischen Verzehr war vor allem eine gute Vorratshaltung das A und O im ländlichen Haushalt, denn über den Winter musste man mit den Vorräten auskommen.

Gemeinschaftlich kochen

Das Latwergekochen war eine gemeinschaftliche Arbeit, an der sich viele Frauen und auch Männer beteiligten. Zuerst wurden die Zwetschgen gemeinsam geerntet und gewaschen. Auf den Bauernhöfen standen in den Waschküchen große Kupferkessel bereit, die von unten befeuert wurden. In diese Kessel kamen die Zwetschgen und zwar meist mit Steinen. Mit großen Rührwerkzeugen, an deren Ende sich ein Holzbrett befand, musste das Mus stundenlang gekocht und umgerührt werden. Dabei wechselte man sich ab. Hatte es die richtige Konsistenz, wurde das Mus durch ein großes Emailsieb geschüttet, um die Kerne und zum Teil auch die Schalen zu entfernen. Das Mus kam dann in große steinerne Töpfe und hielt ein Jahr lang – wenn es nicht vorher gegessen wurde.

Wiederbelebtes Brauchtum

Im hessischen Ronneburg wurde das gemeinschaftliche Latwergekochen wieder ins Leben gerufen. Gemeinsam werden die Zwetschgen entkernt und dann unter freiem Himmel gekocht. Dabei müssen der Bürgermeister und andere Prominente des Dorfes rühren. Klar, dass die Ortsbevölkerung gerne dabei zusieht. Nebenbei wird ein kleines Dorffest gefeiert und die Dorfgemeinschaft gestärkt. Am Ende darf sich jeder ein Glas mitnehmen.

RECHTS: Latwerge nach einem Rezept der Großmutter der Autorin.

◆ Rezept-Idee ◆
Latwerge

Zutaten
5 kg entkernte Zwetschgen ¦ 500 g Zucker ¦
1 Tasse Weinessig ¦ 1 Päckchen Lebkuchengewürz

Alle Zutaten in den Topf füllen, in dem das Mus auch gekocht werden soll, gut vermischen und über Nacht stehen lassen. Am nächsten Morgen, ohne umzurühren, auf den Herd oder besser in den Ofen stellen und bei mittlerer Hitze etwa sechs Stunden köcheln lassen. Keinesfalls umrühren! Nach etwa fünf Stunden erstmalig nachschauen, ob alles gut eingekocht ist.

Von der Feuerstelle oder aus dem Ofen nehmen, ein Päckchen Lebkuchengewürz zugeben und am besten mithilfe eines Mixstabes 15 bis 30 Minuten umrühren. Ist das Mus zu dünn, muss der Topf nachgekocht werden. Das Latwerge noch heiß in saubere Gläser füllen.

Backofenfeste

Brot ist unser wichtigstes Nahrungsmittel, und das ist nicht erst seit heute so.
Seit Urzeiten ernähren sich die Menschen von gebackenem Brot. In großen Backhäusern traf
man sich, um sein selbst zubereitetes Brot mitzubringen und es im Ofen backen zu lassen.
Einige dieser alten Backhäuser auf dem Land wurden wieder hergerichtet.

Um kein anderes Nahrungsmittel wie um das Brot ranken sich so viele Bräuche. Es ist seit Urzeiten ein Symbol nicht nur für Nahrung, sondern auch für das Leben selbst. Schon 3000 vor Christus wurden bei den Sumerern Opferbrote gebacken, weil man glaubte, dass sich die Götter von Getreide ernährten; im alten Ägypten weihte man das erste Getreide des Jahres der Erntegöttin. Im Lötschental war es Sitte, in alle Ecken eines Getreideackers ein Kreuz zu stellen, und auch heute noch wird in sehr christlichen Familien vor dem Anschnitt eines Brotes der Laib mit drei Kreuzen gesegnet.

Das Backhaus

In dörflichen Gegenden gab es lange Zeit nur einen großen Backofen oder ein Backhaus, das gemeinsam genutzt wurde. Meist wurde beim Bau des gemauerten Ofens das Innengewölbe aus Ziegeln gefertigt, um die Wärme besser zu halten. Drei Tage vor dem Backtag wurde das Holz gespalten, damit es auch schön trocken war. Am Backtag selbst wurde dann schon früh angeschürt. Der Teig wurde zu Hause hergestellt, und jeder Dorfbewohner brachte zum Backen sein Brot mit.

♦ Rezept-Idee ♦
Sauerteigbrot selbst backen

Selbst gebackenes Brot ist etwas Besonderes. Vor allem mit Kindern macht es viel Spaß, ein Brot aus den Zutaten Sauerteig, gemahlenes Getreide, Wasser und Salz herzustellen. Und frisch aus dem Ofen schmeckt es einfach herrlich!

Zutaten
½ Liter backfertiger Sauerteig ¦ 200 ml Wasser ¦
Ca. 1 TL Salz ¦ 500 g Mehl

RECHTS: In Museumsdörfern wird an Brotbacktagen Brot wie in alten Zeiten gebacken.

Alle Zutaten in einer Schüssel gut verkneten, dabei das Wasser nur langsam zufügen und nur so viel, bis sich der Teig von der Schüssel löst. Den Teig zu einem Laib formen oder einen sehr weichen Teig in eine gut gefettete Kastenform geben. Abdecken und an einem warmen Ort so lange gehen lassen, bis sich das Volumen verdoppelt hat. Sauerteigbrote haben eine längere Gehzeit (2–6 Stunden) als Hefebrote, also nicht wundern! Der Teig kann auch abends zubereitet und tags darauf gebacken werden.

Den Laib in den vorgeheizten Backofen (180 Grad) geben und etwa eine Stunde backen. Das Brot ist fertig, wenn es beim Klopfen auf die Unterseite hohl klingt.

Zoiglbier

Das Bierbrauen hat in Deutschland eine sehr lange Tradition. Immerhin wurde das Reinheitsgebot schon 1516 vom bayerischen Herzog Wilhelm VI. erlassen und ist somit das am längsten gültige Lebensmittelgesetz der Welt. Der Zoigl wird noch heute gemeinschaftlich im Kommunbrauhaus gebraut und ist ein sehr naturbelassenes und bekömmliches Bier.

◇◇

Schon vor etwa 6000 Jahren wurde, eigentlich durch einen Zufall, das Bierbrauen entdeckt. Im Mittelalter waren es vor allem die Mönche in den Klöstern, die sich dem Bierbrauen annahmen und es verfeinerten. Damit auch die Bevölkerung Bier trinken konnte, wurde im 13. Jahrhundert das Braurecht für Bürger erlassen, und somit konnte jedermann Bier brauen, nur verkaufen durfte es nicht jeder.

Aus dieser ganz alten Tradition heraus wird noch heute in fünf Orten der Oberpfalz gemeinschaftlich im Kommunbrauhaus gekocht und gehopft. Das Braurecht ist dabei seit 1415 fest an das jeweilige Haus und den Grund gebunden und wird seit Generationen weitervererbt. Gebraut wird der Zoigl durch die Brauberechtigten in den Kommunbrauhäusern Eslarn, Falkenberg, Mitterteich, Neuhaus und Windischeschenbach. Nach einem festen Zoiglkalender darf dann jeder Zoiglwirt in einem bestimmten Turnus über ein verlängertes Wochenende das Bier ausschenken.

Noch heute darf der Zoigl für den Privatverbrauch gebraut, aber nicht verkauft werden. Die Brauberechtigten schließen sich dazu zu einem »Sud« zusammen. Nach dem Brauvorgang wird der Zoigl dann aufgeteilt, in Fässern gelagert und nach der Reifung in Flaschen abgefüllt.

Eine Rarität

Der Zoigl ist eine echte Rarität und Besonderheit. Fast alle unsere Getränke werden maschinell hergestellt und abgefüllt. Das ist einfacher und billiger und meistens schmeckt es auch ganz gut. Das Zoiglbier ist dabei eine große Ausnahme und zeigt, wie nützlich es mitunter sein kann, an alten Bräuchen und Traditionen festzuhalten. Der Zuspruch für dieses naturbelassene Bier – und auch für Erzeugnisse aus kleineren regionalen Brauereien – ist größer denn je. Vor allem weil es einzigartig ist und geschmacklich immer wieder ein bisschen variiert, denn es wird zwar gemeinschaftlich gekocht und gehopft, doch dann nimmt jeder Brauer die so gewonnene Würze mit nach Hause und versetzt sie dort mit Hefe. Jeder hat sein eigenes Rezept und geschmackliche Nuancen sind sicher auch erwünscht.

Brauen wie anno dazumal

Im Kommunbrauhaus wird in der offenen Sudpfanne über dem Holzfeuer die Maische, das ist ein Gemisch aus Wasser und Gerstenmalz, gekocht, dann gehopft und noch einmal erhitzt. Danach muss das Bier zehn Tage gären, bevor es zum Ausreifen in Fässer kommt. Mehrere Wochen kann es dauern, bis der Zoigl ausgereift ist.

Der Zoigl ist ein untergäriges naturbelassenes Bier, das meistens nicht gefiltert wird. Das muss deshalb nicht gemacht werden, weil man es nicht so lange lagert. Da man früher kaum Kohlensäure zusetzte, also das Bier nicht gespundet hat, war es sehr bekömmlich. Auch heute noch gibt es nicht gespundete Biere, allerdings wird auch gespundeter Zoigl angeboten.

Der Zoiglstern

Das Wort »Zoigl« taucht schon im 16. Jahrhundert erstmals auf, und ist wohl aus dem Wort »zeigen«, umgangssprachlich »zeigel« und »zoigl«, entstanden, denn ein Zeiger hing vor 600 Jahren vor dem Haus, wenn Bier ausgeschenkt wurde. Der dem Davidstern sehr ähnliche Zoiglstern – das Zunftzeichen der Brauer – stammt möglicherweise vom selben Ursymbol ab, hat damit aber nichts gemein. Hängt der Zoiglstern, dann weiß der Vorbeigehende nicht nur, dass es Zoiglbier gibt, sondern auch, dass eine zünftige Brotzeit auf ihn wartet.

Hausbräu

In Franken und Teilen Thüringens hat sich übrigens eine ähnliche Tradition bis heute erhalten, die als Hausbräu bekannt ist. Es wird in örtlichen Brauereien gebraut und dann unter Anwendung verschiedener Hausrezepte von Hausbrauern nachgegärt.

Weinfeste

In allen deutschen Weinregionen werden seit vielen Jahrzehnten traditionell Weinfeste gefeiert, nicht nur in Dörfern, sondern auch in Städten. Sie sind zu einem festen Bestandteil im Jahreslauf geworden und locken neben den Ortsansässigen auch viele Touristen an. Bei schönem Wetter mit netten Freunden ein gutes Glas Wein zu trinken – das ist ein bisschen wie Urlaub.

Seit Ende des 19. Jahrhunderts gibt es in den typischen Weingegenden Weinfeste, bei denen die Winzer ihren Wein präsentieren können.

Die zunehmende Globalisierung haben die Weinbaubetriebe zu spüren bekommen, denn Konkurrenz aus dem Ausland hat den zumeist familiengeführten Betrieben sehr zugesetzt. Hinzu kommt das große Angebot an Billigweinen in den Supermärkten. Doch der heimische Wein steht wieder ganz oben auf der Beliebtheitsskala und die Weinfeste werden sehr gerne besucht.

Die Herstellung

Aus dem vergorenen Saft von Weintrauben wird Wein hergestellt. Was sich so einfach anhört, ist ein langwieriger und schwieriger Prozess. Rebsorte, Witterung und Lage haben großen Einfluss auf die Qualität des Weines. Und nicht zuletzt natürlich auch das Können des Winzers und der Winzerin.

♦ Selbermach-Idee ♦
Weinrebenkranz

Wer in einer Weinregion wohnt, kann sich glücklich schätzen; nicht nur wegen des warmen Klimas, sondern auch wegen des Weins und der Weinfeste. Weinreben liefern außerdem schönes Dekorationsmaterial: Der Wein muss vom Winzer geschnitten werden. Meistens passiert das im Winter und im Sommer. Beim Schnitt fallen mehr oder weniger lange Weinranken an. Fragen Sie doch bei Ihrem Winzer in der Gegend nach, ob Sie einige davon bekommen können. Aus den längeren und kürzeren Ranken lässt sich ganz einfach ein Kranz winden, der dann jahreszeitlich verschieden dekoriert werden kann.

RECHTS: Weinstöcke brauchen viel Sonne, damit die Trauben reifen.

Die Weinkönigin

1931 wurde zum ersten Mal eine pfälzische Weinkönigin gewählt, die damals auch als deutsche Weinkönigin fungierte. Seit 1950 wird in einer separaten Wahl die deutsche Weinkönigin bestimmt. In den Anfängen dieser langen Tradition mussten die jungen Frauen, die sich zur Wahl stellten, unverheiratet sein und aus einer Winzerfamilie stammen. Heute ist das nicht mehr so, aber eine enge Verbindung zum deutschen Wein und ein fundiertes Wissen über Önologie und Kellertechnik müssen vorhanden sein.

Die Weinköniginnen sind auf vielen Weinfesten zu sehen, präsentieren die heimischen Weine, trinken mit den Besuchern ein »Schöppchen« und haben viel zum Wein zu erzählen. Es macht Spaß, den jungen Frauen zuzuhören, und ganz nebenbei lernt man auch noch etwas über den Wein.

Nicht nur Wein

Natürlich gibt es auf einem Weinfest nicht nur guten Wein zu trinken. Auch regionale Köstlichkeiten werden angeboten, zum Beispiel Zwiebelkuchen in der Pfalz und Steckerlfisch in Franken.

♦ Rezept-Idee ♦
Fränkischer Zwiebelkuchen

Zutaten für den Teig
250 g Mehl ¦ 100 g Butter ¦ ½ TL Salz ¦ 3 EL Wasser ¦
Fett für das Blech

Zutaten für die Füllung
1 kg Zwiebeln ¦ 100 g Frühstücksspeck ¦ 100 g Crème
fraîche ¦ 2 EL Paniermehl ¦ 1 Becher Joghurt ¦ 2 Eier ¦
50 ml Sahne ¦ Salz, Paprika, Muskat nach Belieben

Mehl, Butter, Salz und Wasser zu einem glatten Teig verarbeiten und gleichmäßig auf einem gefetteten Backblech ausrollen. Die Zwiebeln in Scheiben schneiden
und mit dem Frühstücksspeck andünsten. Mit Crème
fraîche und Paniermehl vermischen und die Zwiebelmasse auf den Boden geben. Joghurt, Eier, Sahne und
Gewürze vermischen und auf der Zwiebelmasse verteilen. Bei 200 Grad etwa 90 Minuten backen.

Die Qual der Wahl

Alle Weinfeste in Deutschland aufzuzählen, würde den
Rahmen dieses Buches sprengen. Das größte Weinfest
der Welt ist der Bad Dürkheimer Wurstmarkt in Bad
Dürkheim; dort gibt es neben dem Wein auch leckere
Wurstspezialitäten zu kosten.

Ein Weinfest zu Hause

Nicht jeder wohnt in einer Weingegend und kann nach
Belieben ein Weinfest besuchen. Aber was spricht dagegen, ein Weinfest zu Hause zu feiern? Vielleicht haben
Sie einen Lieblingswein oder auch mehrere, die Sie bei
Ihrem Weinfest servieren möchten. Als typische Leckereien gibt es Zwiebelkuchen und Weißbrot mit einer Käse-
auswahl. Und zum Nachtisch reichen Sie eine Wein-
schaumcreme. Wahrscheinlich wird das Fest schon bald
zur Tradition!

♦ Rezept-Idee ♦
Weinschaumcreme

Zutaten
4 Eier ¦ 4 EL Zucker ¦ Saft und abgeriebene Schale
einer ungespritzten Zitrone ¦ 4 Blatt Gelatine ¦
¼ l Weißwein

Die Eier mit Zucker und der abgeriebenen Zitronenschale sehr schaumig rühren. Die Gelatine nach
Packungsanlage einweichen, den Wein mit Zitronensaft
anwärmen und die eingeweichte Gelatine darin auflösen. Abkühlen lassen. Den Eierschaum noch einmal
aufschlagen und den Wein langsam zugießen. Im Kühlschrank fest werden lassen.

LINKS: Weinlaub und -trauben sind sehr dekorativ.
RECHTS: Zwiebelkuchen ist die ideale Ergänzung
zum Wein.

Erntedankfest

Wir leben von den Früchten der Erde – früher galt das noch viel mehr als heute.
Die Menschen waren sich bewusst darüber, dass es nicht allein in ihren Händen lag, über ausreichend
Nahrung zu verfügen. Erntedankfeste waren deshalb Ausdruck der Freude und Dankbarkeit und
werden noch heute in vielen Ortschaften traditionell gefeiert.

Schon in vorchristlicher Zeit gab es Erntedankfeste, und zwar in allen Kulturkreisen. Eine gute Ernte war die Voraussetzung für das Überleben im Winter, und dafür war man sehr dankbar. Mit harter Arbeit wurde das Feld bestellt, die Kulturen gepflegt und zuletzt geerntet. Die Witterung, der Boden, gutes Saatgut – das alles waren wichtige Voraussetzungen für den Ernteerfolg.

Heute sind Nahrungsmittel in Hülle und Fülle vorhanden. Äpfel, Erdbeeren und Orangen gibt es das ganze Jahr über zu kaufen. Viele Menschen wissen gar nicht mehr, wie Weizen und Hafer aussehen und wie Brot gemacht wird. Umso wichtiger ist es, sich am Erntedankfest daran zu erinnern. Altes Brauchtum kann dabei helfen.

Brauchtum am Erntedankfest

Vor allem der jüdischen Kultur ähneln bestimmte Bräuche, die wir auch heute noch pflegen. Während des Laubhüttenfestes werden beispielsweise Sträuße aus vier Pflanzenarten gebunden; vergleichbar ist das mit dem Binden der Erntekrone.

Viele Bräuche haben sich bis heute gehalten, manches ist verloren gegangen. Bereits im Mittelalter war es üblich, Gemüse, Obst und Getreide vor dem Altar aufzubauen, und auch das Brot durfte nicht fehlen. Die Gaben wurden später an die Armen verteilt. Das ist heute in den christlichen Kirchen, die das Fest in ihr Brauchtum übernommen haben, nicht anders. In der Regel findet das Erntedankfest am ersten Sonntag im Oktober statt, und besonders in bäuerlichen Regionen ist der Altar üppig geschmückt. Ein Erntedank-Gebildbrot wird in verschiedenen Gegenden extra für das Fest vom ortsansässigen Bäcker gebacken.

Eine Erntekrone darf nirgends fehlen, denn das Getreide und das Brot sind elementare Bestandteile des

RECHTS: An Erntedank sind auch die Hüte der Jungen festlich geschmückt.

Dankgottesdienstes. Auch Ernteteppiche haben eine lange Tradition. Hierfür werden Getreidehalme ineinander verflochten und mit den Gaben der Natur geschmückt.

Ein anderer Brauch war es, Erntepuppen aus Getreidehalmen zu basteln, um den Geist des Getreides damit zu ehren. Diesen Brauch kann man in etwas abgewandelter Form in manchen Orten wieder sehen, als übergroße Strohballen-Puppen.

Der Michaelskönig

Ein sehr schöner Brauch, der auch Kinder begeistert, ist der Michaelskönig. Am Michaelstag, dem 29. September, lässt man nämlich Drachen steigen. Wahrscheinlich ist das Brauchtum auf die Geschichte in der Offenbarung des Johannes im Neuen Testament zurückzuführen, in der der Erzengel Michael den Teufel, der ihm im Himmel in Gestalt eines Drachen erschienen war, besiegte. Bei dem Drachensteigen wird derjenige Michaelkönig, dessen Drachen am höchsten steigt.

♦ Selbermach-Idee ♦
Ein Erntekranz für zu Hause

Eine Erntekrone zu wickeln, bedarf einiger Erfahrung. Zum Erntedankfest kann man sich aber kleine Erntekränze wickeln, die ein schöner und haltbarer Tischschmuck sind oder auch als Türkranz angefertigt werden können. Auch mit Kindern lassen sich die Türkränze binden. So lernen sie das Getreide kennen und vielleicht kann dann auch gleich noch ein Brot gebacken werden (siehe Seite 105)!

Am besten eignen sich für die Türkränze Roggen- oder Gerstenhalme, die schön begrannt sind. Zunächst werden die geschnittenen Halme zum Trocknen gebündelt und dann kopfüber an einem luftigen Platz aufgehängt.

Sie benötigen zum Wickeln ein rundes festes Drahtgestell, einen Wickeldraht und eine gute Gartenschere. Schneiden Sie die getrockneten Halme auf eine Länge von etwa 15 cm und legen Sie immer zwei bis drei Halme an das Drahtgestell, die Sie dann mit dem Wickeldraht festbinden. Die Halme werden etwas versetzt angelegt, und zwar so, dass über dem Draht immer Stängel liegen und diesen verdecken.

Erntedank in Österreich

Erntedank wird in Oberösterreich meist an einem Sonntag zwischen Ende September und Mitte Oktober mit einer feierlichen Prozession zur Kirche begangen. Erntekrone und Erntegaben, Brot, Eier, Honig, Wein, Blumen sowie Feld- und Gartenfrüchte werden in die Kirche gebracht und gesegnet. An dem traditionellen Festzug nehmen auch Musikkapellen, Kindergartenkinder, Schüler, Schülerinnen sowie Trachtengruppen und die Bauern und Jäger teil. Viele Menschen bringen Körbe mit Obst, Gemüse oder Brot zur Segnung mit. Häufig findet im Anschluss an den Gottesdienst noch ein Frühschoppen, Pfarrfest oder Kirtag statt und es wird kräftig gefeiert.

In sämtlichen Orten Österreichs wird Erntedank gefeiert und erfreut sich großer Beliebtheit bei der Bevölkerung. Es ist ein Zusammenkommen mit kirchlicher Begleitung und natürlich dem Genuss für Leib und Seele.

Almabtrieb

Auch an anderen herbstlichen Festtagen steht der Dank im Vordergrund, zum Beispiel an Kirchweihfesten. Ver-

LINKS: Beim Almabtrieb werden die Kühe mit Latschenkieferzweigen und Blumen bunt geschmückt.
RECHTS: Aus verschiedenen Getreidehalmen und bunten Blumen lassen sich ganz einfach herbstliche Kränze wickeln, die eine schöne Dekoration für Tisch und Tür sind.

gleichbar mit dem Erntedank ist auch der Almabtrieb, der farbenfroh und prächtig abläuft. Das Vieh wird mit bunten Bändern und Blumen festlich geschmückt, um den Hals tragen die Kühe große Glocken. Diese sollen die bösen Geister vertreiben, die womöglich auf dem Weg ins Tal lauern. Die Bauern danken dabei, dass das Vieh gesund geblieben und kein Unglück passiert ist. Die Almabtriebe sind meist mit verschiedenen Aktivitäten aus dem bäuerlichen Leben bereichert und zeigen auch eine Vielfalt der Köstlichkeiten, die auf den Almen das Jahr über geboten werden.

Erntedankumzüge

Verbunden mit dem Erntedankfest sind in manchen Regionen auch Erntedankumzüge. Mitunter vermischen sich die Bräuche dann zu einem bunten Treiben. Im fränkischen Fürth gibt es jedes Jahr eine große Kirch-

weih, die Michaelis-Kärwa, die seit über 900 Jahren, seit der Weihe der St.-Michael-Kirche am Samstag nach dem Michaelstag, dem 29. September, gefeiert wird. Die Feier läuft mitten in der Stadt ab und nicht wie sonst üblich am Stadtrand.

Am zweiten Kirchweihtag, dem sogenannten Bauernsonntag, findet der Erntedankfestzug statt. Reich geschmückte Erntewagen, Spielmannszüge und Trachtengruppen sind ein echter Augenschmaus und zeigen, wie dankbar die Fürther sind, dass es ihnen an nichts fehlt.

Aber nicht nur in Bayern gibt es Erntedankumzüge. In Hamburg-Kirchwerder wird seit 1976 wieder ein zweitägiges Erntedankfest gefeiert, das weit über die Landesgrenzen bekannt ist. Neben dem abendlichen Ernteball gibt es immer einen großen Umzug.

♦ Rezept-Idee ♦
Blechkuchen

Im Herbst werden in bäuerlichen Gegenden viele Blech-kuchen gebacken. Die Zwetschgen sind reif und müssen verarbeitet werden. Hefekuchen vom Blech lassen sich gut einfrieren. Neben Latwerge (siehe Seite 102) sind die Blechkuchen also eine gute Möglichkeit, für den Winter vorzusorgen.

Zutaten
2,5 kg Zwetschgen aus Deutschland ¦ 500 g Weizenmehl ¦ 250 ml Vollmilch (oder vegane Ersatzprodukte) ¦ 1 Würfel frische Hefe ¦ 1 Ei Größe M oder L ¦ 50–100 g Butter ¦ 80 g Zucker ¦ 1 Prise Salz

Die Zwetschgen waschen und entsteinen. Dafür die Früchte mit einem Messer aufschneiden, den Stein ent-fernen und aufklappen.

Das Mehl in eine Schüssel geben und eine Mulde bil-den. Die Milch erwärmen, bis sie lauwarm ist, einen Ess-löffel Zucker und die Hefe mit einem Schneebesen darin auflösen und in die Mulde gießen, ein wenig Mehl unterrühren und 15 Minuten gehen lassen.

Ei, Butter, Salz und den restlichen zum Mehl geben und mit dem Knethaken 10 Minuten kneten. An einem war-men Ort abgedeckt etwa 45 Minuten gehen lassen, bis sich das Volumen verdreifacht hat.

Den Teig noch einmal durchkneten. Auf ein gefettetes Backblech legen und ausrollen. An den Rand des Blechs einen Streifen Backpapier legen, damit der austretende Zwetschgensaft beim Backen nicht hinausläuft.

LINKS: Mit den Farben der Gärten und des Feldes können Körbe schön dekoriert werden.
RECHTS: Aus Zwetschgen kann man Mus zubereiten und Kuchen backen.

Ofen auf 180 Grad vorheizen. Die Zwetschgen in Reihen dachziegelartig auf den Teig geben und 45 Minuten auf der mittleren Schiene backen. Nach dem Abkühlen nach Belieben mit etwas Zucker bestreuen und mit geschlage-ner Sahne servieren.

Allerheiligen und Allerseelen

Seit über 1000 Jahren gibt es zwei besondere Gedenktage, die sich mit dem Tod auseinandersetzen. Allerheiligen und Allerseelen sind stille Tage mit Gottesdiensten und Friedhofsgängen in katholischen Gemeinden, auf dem Land und in der Stadt. Weil Allerheiligen in verschiedenen Bundesländern ein Feiertag ist, findet er noch mehr Beachtung.

Schon im Mittelalter gab es besondere Tage im Jahr, an denen der Verstorbenen gedacht wurde. Möglicherweise sah man in früheren Jahrhunderten auch eine Verbindung zwischen Ostern und diesen Gedenktagen. Im 16. Jahrhundert wurde das zuvor nach Pfingsten stattfindende Allerheiligenfest in den Herbst gelegt, und zwar einen Tag vor Allerseelen. Seit dem 9. Jahrhundert wird Allerseelen am 2. November, am Tag nach Allerheiligen, gefeiert. Der Allerheiligentag war ursprünglich ein Gedenktag für alle heiligen Märtyrer. Im Laufe der Jahrhunderte änderte sich der Charakter des Festes und im Vordergrund steht heute das Gedenken an verstorbene Angehörige.

Allerseelen

Der katholische Feiertag folgt direkt im Anschluss an Allerheiligen. In ländlichen Gegenden gibt es mancherorts Prozessionen und den Brauch, Allerseelenzöpfe und Seelenwecken zu backen. Die »Pflege der Seelen« und der Armseelenkult stehen im Mittelpunkt des Festes, die Hilfe der Lebenden für die Verstorbenen, die aus dem Fegefeuer endgültig erlöst werden sollen. Das kann durch gute Werke in Form von Messopfern, Gebeten und Fasten gefördert werden. Auch in den evangelischen Gebieten war der alte Volksglaube verankert, dass an Allerseelen die armen Seelen aus dem Fegefeuer aufstiegen.

Allerseelenbrot und Seelenwecken

Es ist ein uralter bayerischer Brauch, dass Taufpaten am Allerseelentag ihren Patenkindern Seelenwecken – spitzförmige kleine Törtchen, die mit Creme, Schokolade oder Marmelade gefüllt sind – schenken. Einige niederbayerische Dorfbäckereien backen auch heute noch Seelenwecken.

In der Oberpfalz, in Niederbayern und dem Münchner Raum ist der Allerseelenzopf sehr beliebt. Er ist ein zu den Gebildbroten zählendes Hefegebäck, das früher an Seelenleute, also Arme und Bedürftige, verschenkt wurde. Gab es für einen Allerseelenzopf ein »Vergelt's Gott«, wurde damit eine Seele aus dem Fegefeuer erlöst.

♦ Rezept-Idee ♦
Allerseelenbrot und Allerseelenzopf

Zutaten
1 kg Mehl ¦ 30 g Hefe ¦ 500 ml Milch ¦ 100 g Zucker ¦
1 Prise Salz ¦ 200 g Butter

Alle Zutaten müssen handwarm sein. Das Mehl in eine Schüssel sieben, die Hefe über der Mitte zerbröckeln, mit wenig lauwarmer Milch und 1 TL Zucker anrühren. Das Ganze an einem warmen Platz etwa 15 Minuten gehen lassen.

Rest von Zucker und Milch zugeben, Salz und zerlassene, lauwarme Butter untermischen. Den Teig so lange kräftig kneten, bis er glatt ist und Blasen wirft. 45 Minuten an einem warmen Platz gehen lassen.

Den Teig noch einmal kurz durchkneten, drei oder vier längliche Stränge formen und nebeneinanderlegen. Allerseelenzöpfe sind etwa 30 cm lang und nur an den Enden geflochten, in der Mitte laufen sie parallel. Den Ofen auf 220 Grad vorheizen und den Zopf 35 Minuten backen.

Allerheiligenkirmes

Die exakte Jahreszahl der Kirchweihe lässt sich nicht genau bestimmen, von 1338 stammt aber der älteste schriftliche Nachweis der Allerheiligenkirmes in Soest. Anlass für die Kirmes war die Weihe der St.-Petri-Kirche in Soest an Allerheiligen. Das anschließende Fest lockte Gaukler, Puppenspieler, Seiltänzer und allerlei anderes fahrendes Volk an. Kaufleute kamen aus Münster, Hessen, Holland und noch weiter entlegenen Gegenden, um ihre Waren feilzuhalten. Bis heute wird die Allerheiligenkirmes gefeiert und ist zur größten Altstadtkirmes Europas avanciert. Besonders beliebt sind bei den Besuchern der Pferdemarkt am Kirmes-Donnerstag und ein besonders Getränk: das Bullenauge.

Leonhardifahrt

Vor allem im Alpenraum, in Bayern und in Österreich, ist der heilige Leonhard von Limoges noch heute sehr beliebt. »Bauernherrgott« nannte man ihn in Bayern sogar. Die ihm zu Ehren veranstalteten Leonhardiritte zählen zu den ältesten christlichen Bräuchen. Die Pferde sind wunderschön herausgeputzt, ebenso wie die vielen Brauchtumsgruppen, die daran teilnehmen.

Die älteste bekannte Leonhardifahrt fand vor über 500 Jahren im bayerischen Kreuth am Tegernsee statt. Möglicherweise standen auch für diesen Brauch Rituale aus vorchristlicher Zeit Pate, denn Last- und Arbeitstiere im Allgemeinen und Pferde und Rinder im Besonderen waren für die Menschen schon früh unersetzliche Helfer, die auf unterschiedliche Weise geehrt wurden.

Der heilige Leonhard

Vor allem in Oberbayern und Teilen Österreichs gibt es am Gedenktag des heiligen Leonhard von Limoges am 6. November, oder einem benachbarten Wochenende, Pferdeprozessionen, denn noch heute ist der Schutzpatron der Rinder und Pferde, der Rossheilige, vor allem in bäuerlichen Regionen der beliebteste Heilige der Gläubigen. Der Legende nach soll er um das Jahr 500 gelebt und viele gute Werke getan haben. So ist er nicht nur der Schutzheilige der Pferde und des Hornviehs, sondern auch von Gefangenen und Schwangeren.

Kirchlich und weltlich

Mit Prozession, Segnung und Gottesdienst wird eine Leonhardifahrt begonnen. Die Pferde sind prächtig geschmückt und alle, die sich an der Prozession beteiligen, gehen in ihrer besonderen Tracht. Auch die Gespanne, die sogenannten Truhenwagen, in denen Bauern und Pferdebesitzer an der Prozession teilnehmen, sehen prachtvoll aus. An die Segnung schloss schon früher der weltliche Teil an, nämlich ein fröhliches Fest. Ehemals gab es in sehr vielen Gemeinden Leonhardiritte, doch die daran anschließenden Feste arteten mit der Zeit sehr aus, sodass religiöse Umritte 1809 per staatliches Gebot untersagt wurden. König Ludwig I. hob dieses Gebot 24 Jahre später wieder auf.

Tradition in Österreich

Auch in Teilen Österreichs haben Leonhardiritte eine lange Tradition und werden in vielen Ortschaften begangen. Zum Ende der Pferdeprozession wird die Kirche oder Kapelle dreimal umrundet. Anschließend findet die Pferdesegnung statt, und die Tiere bekommen als Maulgabe ein geweihtes Stück Brot, das sogenannte Leonhardibrot.

Bei den Prozessionen tragen viele Jugendliche mit bunten Bändern geschmückte Buchenäste, die Leonhardibuschen oder Leonhardistangen. Das sind Holzstangen mit Zweigen, Ketten, Hufeisen und bunten Bändern versehen. Die Ketten und Hufeisen waren früher die eisernen Weihegaben für Leonhard und Symbole für die Gefangenen und die Pferde, für die er als Schutzheiliger einsteht.

♦ Selbermach-Idee ♦
Leonhardibuschen

Einen Leonhardibuschen kann man einfach nachgestalten. Er ist eine farbenfrohe Dekoration für zu Hause, und der Buchenzweig lässt sich auch schön mit Kindern gestalten. Je nachdem, welchen Platz der Zweig bekommen soll oder in welche Vase Sie ihn stellen wollen, müssen Sie die Größe des Zweiges wählen. In verschiedenen Blumenläden oder auch Gärtnereien gibt es Buchenzweige zu kaufen oder zu bestellen. Die Bänder können Sie aus Krepppapier oder auch buntem Stoff schneiden, farblich aufeinander abgestimmt oder bunt gemischt.

Der Tölzer Leonhardiritt

Als eine der bekanntesten Leonhardifahrten gilt die Bad Tölzer. Mit etwa 80 Vierergespannen und zahlreichen Reitern bewegt sich die Prozession seit 1856 ab neun Uhr morgens zum Kalvarienberg.

Ein ganz besonderer Höhepunkt findet in der berühmten Tölzer Marktstraße statt. Dann ist nämlich das Goaßlschnalzen angesagt, ein urtypisch bayerisch-österreichischer Brauch. Die Goaßl, das ist die Fuhrmannspeitsche, die Geißel, und das Schnalzen ist nichts anderes als das laute Knallen mit der Peitsche.

Martinstag

Kaum ein anderer Gedenktag wird so gerne gefeiert wie der des heiligen Martin von Tours. Seine Nächstenliebe berührt uns noch heute und hat für Kinder und Erwachsene gleichermaßen eine Vorbildfunktion. Am Martinstag hat sich ein reiches Brauchtum erhalten und Martinsgänse und Martinswecken sind im wahrsten Sinne des Wortes »in aller Munde«.

Schon im Kindergarten lernen die Kleinen den heiligen Martin und seine Geschichte vom Mantelteilen kennen. Martin von Tours, der vor über 1000 Jahren gelebt hat, erobert unsere Herzen im Sturm und regt zum Nachdenken über das eigene Handeln an.

Martin wurde 316 im heutigen Ungarn geboren und kam schon als Zwölfjähriger mit dem Christentum in Berührung. Doch dann trat er in die Armee ein. Die »Mantelteilung« soll sich um 334 zugetragen haben. Als Achtzehnjähriger ließ er sich taufen, gründete später ein Kloster und wurde 371 zum Bischof von Tours gewählt. Martin war zeitlebens bescheiden, herzlich und aufopferungsvoll und dem armen Volk sehr zugetan. Kein Wunder, dass er noch heute der Schutzheilige der Armen und auch der Reiter und Soldaten ist. Nach seinem Tod ernannte Chlodwig I. ihn zum Schutzherrn des christlichen Frankenreiches.

Die Geschichte von der Mantelteilung

Es war ein extrem kalter Winter, in dem viele Menschen starben, als der Soldat Martin am Stadttor einem armen unbekleideten Mann begegnete, der die Vorübergehenden um Erbarmen anflehte. Niemand achtete auf den Mann, nur Martin sah ihn als Zeichen Gottes, als wäre er selbst dafür bestimmt, sich um den Armen zu kümmern. Martin hatte nichts bei sich außer seinem Militärmantel und dem Schwert, das er nahm und den Mantel damit zerteilte. Die eine Hälfte gab er dem Frierenden, mit der anderen Hälfte kleidete er sich selbst und zog damit den Spott vieler Vorbeieilender auf sich. In der Nacht erschien ihm Jesus, der mit dem halben Mantel bekleidet war. Martin wurde durch diese Begebenheit gestärkt, denn er handelte im Namen Jesu, und setzte seinen Entschluss, die Armee zu verlassen, später in die Tat um. Schon kurze Zeit später rankten sich zahlreiche Legenden um sein Tun.

RECHTS: Oft gibt es um St. Martin schon die ersten Nachtfröste.

Ein wichtiger Tag

Am Martinstag oder Martini, wie er in Teilen Bayerns und in Österreich heißt, sind noch viele Bräuche lebendig, die nicht nur christlichen Ursprungs sind. In vorchristlicher Zeit wurde um den 11. November ein Herbstdankfest gefeiert, und das ist wohl auch der Grund dafür, dass sich christliche und heidnische Bräuche vermischt haben.

Der Martinstag war in vielerlei Beziehung ein wichtiger Tag. Er war der traditionelle Tag des Zehnten, der Steuer, die jährlich erhoben wurde. Meist zahlte man den Zehnten in Naturalien aus, darunter waren auch Gänse. Pacht und Holzgeld wurden ebenfalls fällig, und bis heute beginnen oder enden mancherorts noch Landpachtverträge an diesem Termin, der auch Zinstag genannt wird.

Das Bewirtschaftungsjahr ging im November zu Ende, die Arbeit im Feld und auch im Garten wurde abgeschlossen und es begann in den Dörfern eine etwas ruhigere Zeit. So endeten an Martini oft auch Dienstverhältnisse und neue begannen. Lange Zeit galt die Woche nach Martini als Jahresausklang, und es wurden nur die wichtigsten Arbeiten in Haus und Hof erledigt. Und weil das Gesinde diese Tage zum Entspannen und auch zum Besuchen von Verwandten nutzen konnte, war die Schlum- oder Schlamperwoche sehr beliebt.

Schlachttag und Fastenzeit

Meist war das Futter für die Tiere nicht in Hülle und Fülle vorhanden, und es konnten nicht alle Tiere, die von den Almen und Weiden in den Stall kamen, durchgefüttert werden. Deshalb galt der Martinstag oft auch als Schlachttag, und es wurde geräuchert und gepökelt, um genügend Vorräte für den Winter zu haben. Es war Brauch, den Nachbarn, die keinen Schlachttag hatten, etwas Wurstsuppe sowie Leber- und Blutwürstchen zu bringen. Diese Tradition hat sich bis weit in das 20. Jahrhundert hinein gehalten.

Da am Tag nach Martini eine 40-tägige Fastenzeit begann, wurde am 11. November noch einmal gut gespeist und gelebt. Die Fastenzeit gibt es nicht mehr, aber ein anderer Brauch hat sich am 11. November gehalten, nämlich der Beginn der Faschingssession. Das närrische Treiben am 11. November ist auf Martini zurückzuführen.

Die Martinsgans

Dass es an Martini die ersten Martinsgänse gibt, hat viele Gründe. Das hängt einerseits mit dem Tag vor der Fastenzeit und dem Schlachttag zusammen und andererseits auch mit einer weiteren Legende. Die Bewohner von Tours hatten Martin als Nachfolger für den verstorbenen Bischof auserwählt. Doch Martin fühlte sich nicht würdig, dieses Amt anzutreten, und versteckte sich deshalb in einem Gänsestall. Aber das Geschnatter der Gänse verriet ihn. Ein anderes Mal störte eine schnatternde Gänseschar seine Predigt.

Seit alters werden der Martinsgans übrigens besondere Heilkräfte zugesprochen. Ihr Fett soll gegen Gicht helfen und ihr Blut gegen Fieber. Und wenn eine Feder vom linken Flügel verbrannt, mit Wein vermengt und das Ganze anschließend getrunken wurde, sollte das bei Epilepsie helfen. Interessant sind auch die Deutungen, die beim Zerlegen einer Gans angestellt wurden. Versuchen zwei Menschen, den Brustknochen der Gans zu zerbrechen, so geht dem ein Wunsch in Erfüllung, der das größere Stück in Händen hält. Ist die Farbe dieses Knochens blass und weiß, wird der Winter kalt und entbehrungsreich, hat er eine schöne rote Farbe, werden die Vorräte nicht ausgehen.

♦ Rezept-Idee ♦

Martinsgans nach dem Rezept einer Bauersfrau aus Neumorschen

Zutaten
1 Gans ¦ Äpfel ¦ Backpflaumen ¦ Brötchen ¦
350 g Speck ¦ Salz ¦ Beifuß ¦ Pfeffer ¦ 1 Tasse Wasser ¦
400 g Zwiebeln ¦ Bier

LINKS: Mit einer so schönen Einladungskarte zum Gänseessen erfreuen Sie Ihre Gäste.
RECHTS: Für den Gänsebraten wird ein ausreichend großer Bräter benötigt.

Die Gans wird mit gehackten Äpfeln, Backpflaumen und einem eingeweichten und ausgedrückten Brötchen gefüllt und anschließend zugenäht. Einen Bräter mit 350 g Speck und etwas Salz befüllen. Die Gans mit einem Gemisch aus Beifuß, Pfeffer und Salz einreiben, mit der Brust nach unten in den Bräter legen und eine Tasse Wasser zufügen, damit der Braten nicht trocken wird und schön saftig auf den Tisch kommt. Anschließend im vorgeheizten Ofen bei 220 Grad etwa eine Stunde braten. Wenn die Haut braun ist, vorsichtig umdrehen und bei 180 Grad weiterbraten. Ist der Speck glasig, füllt man 400 g Zwiebeln in den Bräter. Die Gans ab und zu mit Bier begießen, denn das gibt die besondere geschmackliche Note. Man rechnet pro Kilogramm Gänsebraten 1 Stunde Garzeit.

Bräuche zu St. Martin

In vielen ländlichen und auch städtischen Gemeinden wird der Martinstag von Kindergärten und Schulen gestaltet. Meist gibt es einen Gottesdienst und anschließenden Laternenumzug (siehe Seite 128), bei dem der heilige Martin auf einem Pferd mitreitet und die Legende von der Teilung des Mantels nachgestellt wird.

Aus früherer Zeit sind auch Martinsfeuer bekannt, die wahrscheinlich heidnischen Ursprungs sind und als Abschied vom Sommer gefeiert und angezündet wurden. Im Unterschied zu den Osterfeuern sind sie viel kleiner.

Martinswecken werden in den Häusern und Bäckereien gebacken und an die Kinder verteilt. Auch das Martinsbetteln ist ein alter Brauch, bei dem die Kinder am Martinstag von Haus zu Haus ziehen und Süßigkeiten, Obst und Nüsse im Namen von St. Martin erbetteln.

Im Burgenland gibt es das sogenannte Martiniloben, einen alten Brauch der Winzer. Bis etwa zum 11. November reift der junge Weißwein heran, dann prüften früher die Weinbauern zum ersten Mal den Wein. Viele Winzer um den Neusiedler See öffnen noch heute nach alter Tradition ihre Weinkeller und laden zur Weinverkostung ein.

Bauernregeln an St. Martin

*St. Martin setzt sich schon mit Dank
am warmen Ofen auf die Bank.*

*St. Martin kommt nach alten Sitten
zumeist auf einem Schimmel geritten.*

*Schon nach der Allerheiligenmiss
ist der Bauer des Winters gewiss;
wenn er dann noch nicht kommen mag,
dauert es nur bis Martinitag.*

*Wenn's Laub nicht vor Martini fällt,
kommt eine große Winterkält.*

*Hat Martin einen weißen Bart,
wird der Winter lang und hart.*

*Schneit es um Martini ein,
so wird es weiß bis Weihnachten sein.*

*Ist St. Martin trüb,
wird der Winter lieb.
Ist St. Martin hell,
wird er kalt für äll'.*

*Ist um Martini der Baum schon kahl,
macht der Winter keine Qual.*

♦ Rezept-Idee ♦
Martinswecken aus Quarkölteig

Zutaten
175 g Butter ¦ 200 g Zucker ¦ Prise Salz ¦
4 Tropfen Zitronenaroma ¦ 2 Eier ¦ 250 g Magerquark ¦
500 g Mehl ¦ 1 Päckchen Backpulver ¦
1 Handvoll Rosinen ¦ Etwas Milch

Butter, Zucker, Salz, Zitronenaroma, Eier und Quark gut verrühren. Mehl mit Backpulver mischen und unter die Quarkmasse ziehen. Mit dem Knethaken des Handrührgerätes kurz durchkneten, in kleine Portionen teilen und Martinswecken formen. Vor dem Backen mit Rosinen garnieren und Milch bestreichen. 20 Minuten bei 200 Grad im vorgeheizten Ofen backen.

RECHTS: Nach einem Martinsumzug werden mancherorts Feuer entzündet.

Laternenumzüge

Singend und mit selbst gebastelten Laternen ziehen Kinder bei ihren Umzügen zu St. Martin durch die Straßen. Sie verbreiten das Licht, das der Heilige durch seine guten und barmherzigen Taten in die Welt gebracht hat. Papierlaternen und auch die in der Schweiz bekannten Räbenlichter können selbst angefertigt werden und auch noch nach dem Laternenumzug als Herbstschmuck in den Fenstern stehen.

Am Martinstag gibt es fast überall in Deutschland, Österreich und der Schweiz Laternenumzüge zu Ehren des heiligen Martin. Erstmals wurden sie 1886 im Rheinland veranstaltet und fanden schnell auch in anderen Gebieten großen Anklang. Sie sind auch als Laternenlaufen bekannt und werden immer am Abend des 11. November oder einem anderen nahe gelegenen Abend veranstaltet. Die Lichter passen gut in die beginnende dunkle Jahreszeit.

Oft geht dem Laternenumzug ein Gottesdienst voraus. Danach sammeln sich die Kinder mit ihren Laternen vor der Kirche, und der Umzug beginnt. Begleitet wird der Zug häufig von einem Reiter im Gewand des Heiligen Martin. Mit ihren leuchtenden Laternen laufen die Kinder singend durch die Straßen. Besonders schön ist das Lied »Sankt Martin«.

◆ Selbermach-Idee ◆
Laterne basteln

In vielen Kindergärten, in Grundschulen, aber auch zu Hause werden Laternen selbst gebastelt. Mit Tonpapier, speziellen Folien und Laternenpapier ist es gar nicht so schwer, eine schöne Laterne anzufertigen. Am besten beginnt man mit einer einfachen Ausführung.

Laternenpapier ist schon bunt bedruckt mit verschiedenen Motiven und muss nur noch mithilfe einiger einfacher Handgriffe in Form gebracht werden. Soll die Laterne aus einfarbigem Tonpapier sein, können Tiergesichter, Mond und Sterne aus farblich unterschiedlichem Papier aufgeklebt werden. Auch dünneres Transparentpapier eignet sich gut, lässt sich aber etwas schwerer verarbeiten.

Zum Basteln einer Laterne brauchen Sie Laternenpapier aus dem Bastelladen, eine runde Käseschachtel mit Deckel, Lineal, Bleistift, Klebstoff und Schere, ein Teelicht und eine Drahthalterung mit Stock.

Aus dem oberen Teil der Käseschachtel wird die Fläche ausgeschnitten. Das Laternenpapier um den unteren Teil der Käseschachtel kleben und den Boden belassen. Es wird so viel überschüssiges Papier abgeschnitten, dass das Papier leicht überlappt und an dieser Stelle zusammengeklebt werden kann. Die Umrandung des Käseschachteldeckels aufschneiden, sodass man den Streifen zur Befestigung von innen in den oberen Laternenteil kleben kann. Auf dem Boden der Laterne ein Teelicht festkleben. Zum Tragen eine Drahthalterung mit Stock anbringen.

»Sankt Martin«

Sankt Martin, Sankt Martin,
Sankt Martin ritt durch Schnee und Wind,
sein Ross, das trug ihn fort geschwind.
Sankt Martin ritt mit leichtem Mut,
sein Mantel deckt ihn warm und gut.

Im Schnee saß, im Schnee saß,
Im Schnee, da saß ein armer Mann,
hat Kleider nicht, hat Lumpen an.
O helft mir doch in meiner Not,
sonst ist der bittre Frost mein Tod.

Sankt Martin, Sankt Martin,
Sankt Martin zieht die Zügel an;
das Ross steht still beim armen Mann
Sankt Martin mit dem Schwerte teilt
den warmen Mantel unverweilt.

Sankt Martin, Sankt Martin,
Sankt Martin gibt den halben still,
der Bettler rasch ihm danken will.
Sankt Martin aber ritt in Eil
hinweg mit seinem Mantelteil.

◆ Rezept-Idee ◆
Bischofsbrot

Neben den Martinsweck wird an Martini auch traditionell das Bischofsbrot gebacken und verzehrt.

Zutaten
5 Eier ┆ 250 g Zucker ┆ 250 g Mehl ┆ 250 g gemahlene Mandeln ┆ 250 g Rosinen ┆ 1 TL Zimt

Eier und Zucker schaumig rühren. Alle anderen Zutaten unter die Schaumasse ziehen. Den Teig in eine mit Backpapier ausgelegte Kastenform geben und bei 175 Grad etwa 50 Minuten backen. Nach dem Abkühlen stürzen und in dünnen Scheiben schneiden.

Räbenlichter

In der Schweiz und dem alemannischen Raum werden im Herbst und zu Martini die Räbenlichter gebastelt. Sie waren früher in vielen ländlichen Gebieten verbreitet und hießen Rübengeist-Laternen, doch mit dem Rückgang des Futterrübenanbaus sind die Lichter leider fast verschwunden.

Herbst- oder Futterrüben hatten noch zu Kriegszeiten den Stellenwert von Kartoffeln. Sie sicherten teilweise sogar die Grundernährung von Mensch und Tier. Nach der Ernte wurden die Räbenlichter in den Familien gebastelt, heute übernehmen das vor allem Kindergärten und Jugendvereine. Nachdem die Rübe von Kartoffeln und anderem Gemüse fast verdrängt wurde, erfreut sie sich jetzt wieder größerer Beliebtheit und wurde sogar von Sterneköchen als Gourmetgemüse neu entdeckt.

◆ Selbermach-Idee ◆
Räbenlichter

Die Räbenlichter werden in der Schweiz auch als Laternen zu den Umzügen genommen. Nach dem Umzug werden die schönen Laternen in die Fenster gestellt.

Für ein Räbenlicht eine Futterrübe wie einen Kürbis mit einem Löffel aushöhlen. Mit einem spitzen Messer Figuren aus der violetten Haut herausschnitzen. Zuletzt die Laterne mit einem Teelicht bestücken. Drei Schnüre an der ausgehöhlten Rübe befestigen, diese an einem Stock zusammenbinden.

LINKS: In das Bischofsbrot gehören Schokolade und Nüsse, manchmal auch Rosinen.
RECHTS: Abends im Dunkeln mit Laternen durchs Dorf zu ziehen, war und ist für Kinder ein ganz besonderes und auch ein wenig geheimnisvolles Ereignis.

Andreastag

Der Gedenktag des heiligen Andreas wird am 30. November gefeiert. Andreas gilt als Schutzheiliger der Fischer und auch der Verliebten, und da der 30. November zudem ein Lostag war, wurden am Andreastag viele Liebesorakel beschworen. Die alten Bräuche haben heute kaum noch Bedeutung, sind aber vor allem für junge Frauen sehr unterhaltsam.

Andreas war ein Apostel Jesu und der Bruder des Simon Petrus. Den Überlieferungen nach wurde er im Jahr 60 am 30. November hingerichtet und dieses Datum später dann zu seinem Gedenktag ernannt. Das Andreaskreuz steht noch heute in enger Verbindung mit seiner Hinrichtung an einem schrägen Balken. Gibt es in alten Fachwerkhäusern schräg überkreuzte Balken, so heißen diese Andreaskreuze.

Die Losnacht

Die Nacht zum 30. November ist dem alten Volksglauben nach eine Losnacht, genauso wie Weihnachten, der Thomastag und Silvester. Mit der ersten Losnacht waren vom Abendläuten bis zum ersten Hahnenkrähen die Geister los, und in den Bauernstuben wurde enger zusammengerückt.

In seiner ursprünglichen Bedeutung heißt »Los« Orakel und Zauberspruch und so wurden diese magischen Nächte benutzt, um herauszufinden, wer als Nächstes unter den Mädchen heiraten und wer der Liebste sein würde. Für Heiratswillige war dieser Termin also durchaus wichtig. Das Bleigießen, das Pantoffelwerfen, das Apfelorakel oder das Lichtelschwimmen sind nur einige von zahlreichen und regional verschiedenen Orakeln, die befragt wurden. Das Bleigießen wird noch heute an Silvester gerne gemacht, da ja auch die Silvesternacht eine Losnacht ist.

Vom Apfelorakel bis zum Pantoffelwerfen

Für das Apfelorakel musste man mindestens zu zweit sein. Ein Apfel wurde so geschält, dass die Schale nicht auseinanderriss. Das entstandene Band musste die Heiratswillige nach hinten über die linke Schulter werfen. Das zweite Mädchen hatte nun die Aufgabe, aus dem verschnörkelten Band den Anfangsbuchstaben des Zukünftigen zu erkennen.

Beim Pantoffelwerfen musste das verheiratete Mädchen einen Pantoffel über die linke Schulter zur Tür werfen. Zeigte der Schuh mit der Spitze zur Tür, würde sie noch im selben Jahr heiraten. Für die absolute Gewissheit wurde der Schuh bis zu zwölfmal auf einen Birnen- oder Apfelbaum geworfen. Blieb der Schuh an einem Ast hängen, würde im kommenden Jahr auch ein Mann »hängen« bleiben.

Bei anderen Liebeszaubern wurde eine weiße Gans als Orakel hergenommen. Mit verbundenen Augen wurde sie in einen Kreis mit jungen Frauen gesetzt. Das Mädchen, vor dem die Gans als Erste stehen blieb, würde im nächsten Jahr heiraten.

Neben der Bedeutung als Liebesorakel war der Andreastag aber auch allgemein ein guter Tag, um einen Blick in die Zukunft zu werfen, zum Beispiel in Form von Bleigießen. In Polen wurde Wachs in kaltes Wasser gegossen. Was man darin sah, blieb wohl dem Betrachter selbst überlassen.

Regionale Besonderheiten

Ein alter Brauch ist heute noch in der Gegend um Jena bekannt, der Halloween ähnelt. Hierbei verkleiden sich die Kinder und ziehen von Haus zu Haus, um Süßigkeiten zu erbetteln. An jedem Haus wird ein Spruch aufgesagt: »Ich bin der kleine Andreas, liebe Leute gebt mir was. Gebt mir nicht zu wenig, ich bin ein kleiner König. Lasst mich nicht zu lange steh'n, ich will noch ein Häuschen weitergehn.«

♦ Selbermach-Idee ♦
Zweige für die Vase am Andreastag

Nicht nur Liebesorakel stehen mit dem Andreastag in Verbindung. In manchen Gegenden wurden früher auch schweigend Kastanien-, Birken- oder Weidenzweige geschnitten. Sie wurden als Frühlingsversprechen in die Häuser geholt, ähnlich wie die Barbarazweige. Ein schöner Brauch zum Nachmachen.

Brauchtum im Winter

Von Advent, Weihnachten und Fastnacht

Klöpfelnächte

Sie heißen Klöpfelnächte, Anklopfnächte und Bosselnächte, die Nächte der drei letzten
Donnerstage vor Weihnachten, und waren bis ins 15. Jahrhundert als Orakelbrauch bekannt.
In Süddeutschland, Österreich und der Schweiz rankte sich um die Klöpfelnächte ein ganz
unterschiedliches Brauchtum, das zum Teil bis heute gepflegt wird.

Gerade in der Adventszeit haben sich viele heidnische und christliche Bräuche miteinander vermischt. Vor allem das abendliche Treiben am Andreastag und in den Klöpfelnächten spricht dafür. Mancherorts wurde einiger Schabernack getrieben, indem junge Burschen durch den Ort zogen und an die Fenster klopften. Eine Art Fruchtbarkeitsritus aus vorchristlichen Zeiten kam gelegentlich auch zum Tragen, wenn Verkleidete durch die Straßen liefen und getrocknete Linsen und Erbsen an die Fenster warfen. Bis in unsere Zeit hinein wird der Brauch des Anklöpfelns verschieden charakterisiert. Mit dem Klöpfeln sind Glück- und Segenswünsche verbunden sowie das Heischen, das Erbitten von kleinen Gaben. Außerdem soll der Brauch symbolisch für die Herbergssuche von Maria und Josef stehen. Und auch das Aufsagen von Versen und Gegenversen ist mancherorts zwischen Anklöpflern und Hausvater üblich.

Heischebrauch

Im 16. Jahrhundert wurden die Anklopfnächte bei Kindern beliebt, die Verse aufsagend und singend von Tür zu Tür liefen in der Hoffnung, Süßigkeiten oder andere Leckereien zu bekommen. Da das Heischen in früheren Zeiten allerdings mitunter in heftiges Betteln ausartete, wurde dieser Brauch zeitweise verboten und geriet teilweise in Vergessenheit. Doch in manchen Gemeinden Süddeutschlands, in Österreich und der Schweiz klöpfeln die Kinder noch heute und bekommen für einen Vers oder ein Lied etwas Süßes, Nüsse oder einen Apfel.

Das Klöckeln in Südtirol

Im Sarntal in Südtirol ziehen zehn bis zwölf Burschen, begleitet von einem Bockshornbläser, von Hof zu Hof. Zwei seltsame Gestalten sind auch dabei, ein Zuslmandl und ein Zuslweibl, die lauthals miteinander streiten. Nach dem Spektakel wird das Klöckellied gesungen,

RECHTS: Eine Laterne im Schnee erleuchtet die Dunkelheit.

Verse aufgesagt und um die Klöckelwürste gebeten. Die Burschen bekommen ihre Bewirtung und sprechen vor dem Weiterziehen noch gute Wünsche aus.

Oberbayerische Nächte

In Oberbayern haben die Klöpfelnächte einen stärkeren Bezug zur Weihnachtsgeschichte. Die Kinder, die von Haus zu Haus ziehen, klopfen an und singen Adventslieder, für die sie mit Plätzchen, Früchtebrot, Äpfeln und Nüssen belohnt werden.

Am Bodensee hat sich der Brauch entwickelt, zwischen Nikolaus und dem Dreikönigstag nach dem Einbruch der Dunkelheit Freunde und Bekannte zu einem Schwatz bei einem Viertele zu besuchen.

Advent

Endlich ist es so weit! Die dunklen Novembertage sind vorbei, nun dürfen Lichterglanz und Engelsschmuck, süße Düfte und festliche Klänge im Haus Einzug halten. Vor allem Kinder erwarten die Adventszeit sehnsüchtig, beginnt doch jeder Tag dann mit dem Öffnen eines Türchens am Adventskalender und der Aussicht auf ein kleines Geschenk.

Je nach Wochentag fällt die Adventszeit mal kürzer und mal länger aus. Beginn ist der vierte Sonntag vor dem 25. Dezember – manchmal schon Ende November, spätestens jedoch am 3. Dezember geht es also los mit der Vorfreude auf Weihnachten. Warum dies genau vier Wochen lang so sein soll? Das ist kein Zufall, sondern dem vor Jahrhunderten noch weitverbreiteten Glauben geschuldet, die Erde sei 4000 Jahre vor Christi Geburt geschaffen worden. Die vier Wochen versinnbildlichten die vier Jahrtausende des Wartens auf Jesus Christus. Mit dem ersten Adventssonntag beginnt das Kirchenjahr, und die Gottesdienste an diesem und den drei weiteren Sonntagen sind geprägt von jeweils eigenen Schwerpunkten.

Ursprünglich standen Besinnlichkeit, Ruhe und auch das Fasten im Mittelpunkt der Adventszeit. Ähnlich wie in den Wochen vor Ostern sollten sich die Menschen gedanklich auf Heiligabend einstimmen. Inzwischen hat sich dies zumindest in großen Teilen deutlich gewandelt. In Kindergärten, Schulen, Firmen und Vereinen wird gefeiert, zu Hause wird Weihnachtsschmuck gebastelt, Plätzchen werden gebacken, Geschenke eingepackt und fröhliche Lieder gesungen.

Vier Kerzen und ein Kranz

Auch der Adventskranz, der heute wohl in jedem Haushalt zu finden ist, hat noch gar keine allzu lange Tradition. Vermutlich erst um die Mitte des 19. Jahrhunderts etablierte sich der Brauch, einen Kranz mit vier Kerzen aufzustellen, wobei durch die Kranzform das ewig Fortwährende und durch jede Kerze eine Adventswoche symbolisiert wurde. Die klassischen grünen Tannenzweige haben dabei einen vorchristlichen Ursprung. Denn schon die Germanen schmückten im Winter ihre Häuser mit immergrünen Pflanzen, um böse Geister abzuwehren und den Bewohnern Trost und Kraft in der dunklen Jahreszeit zu schenken. Die roten Kerzen hingegen symbolisieren vor allem die Freude auf Christi Geburt. Während man früher zum ersten Advent alle vier Kerzen anzündete und dann von Adventssonntag

zu Adventssonntag eine Kerze weniger, hat sich der Brauch heute umgekehrt. Zudem gibt es viele moderne Abwandlungen des klassischen Adventskranzes. Die vier Kerzen jedoch sind ein unveränderliches Element.

Türchen für Türchen

Vielleicht waren die ersten Adventskalender vor allem ein Versuch, der Ungeduld der Kinder Einhalt zu gebieten. Wer ab dem 1. Dezember 24 Türchen vor sich sieht, erkennt auf den ersten Blick, wie lange es noch dauert, bis das Christkind endlich vor der Tür steht.

Ungefähr um 1900 gab es die ersten Kalender dieser Art, wobei es zunächst weniger um Geschenke als vielmehr um die Darstellung der 24 Tage an sich ging – zum Beispiel durch 24 Kreidestriche, von denen täglich einer entfernt wurde, oder durch einen langen Papierstreifen, der an jedem der 24 Tage jeweils ein Stückchen gekürzt wurde. Bisweilen gab es auch nicht an jedem Tag, sondern nur an den Adventssonntagen eine Kleinigkeit, zum Beispiel Christbaumschmuck, der dann an Heiligabend gleich zum Einsatz kam.

Mancher mag sich noch an Adventskalender aus Papier oder Pappe erinnern, hinter deren Türen sich jeweils ein Bild mit einem weihnachtlichen Motiv ver-

Advent

Es treibt der Wind im Winterwalde
die Flockenherde wie ein Hirt
und manche Tanne ahnt wie balde
sie fromm und lichterheilig wird.
Und lauscht hinaus: den weißen Wegen
streckt sie die Zweige hin – bereit
und wehrt dem Wind und wächst entgegen
der einen Nacht der Herrlichkeit.
(Rainer Maria Rilke)

barg. Heute sind Schokoladen-Adventskalender ein Massenprodukt und leisten ihren eigenen Beitrag zum ohnehin schon hohen Süßigkeitenverzehr der Kinder in der Vorweihnachtszeit. Aufwendiger, dafür aber unvergleichlich viel schöner sind selbst gebastelte Kalender, bei denen zum Beispiel kleine Stofftaschen oder Schachteln Platz für die tägliche Überraschung bieten. Diese muss keinesfalls immer etwas zum Naschen sein. Ein besonderer Buntstift, schöne Aufkleber oder eine Kleinigkeit zum Basteln zaubern ebenso ein Leuchten in die Kinderaugen. Ein selbst gebastelter Adventskalender ist ein wunderbares Geschenk zum Beispiel auch für das Patenkind – er kann alljährlich zum 1. Dezember wieder hervorgeholt und neu bestückt werden und hat in vielen Familien über etliche Jahre seinen Stammplatz in der Küche oder dem Wohnzimmer.

Schreib mal wieder

Eine lange Tradition hat das Verschicken von Weihnachtspost an entfernt lebende Verwandte und Freunde. Wer rechtzeitig beginnt, kann zusätzlich zu ein paar persönlichen Worten sowohl Wünsche für frohe Weihnachten als auch für eine schöne Adventszeit schreiben. Handgeschriebene Karten sind heute, im Zeitalter der weitgehend elektronischen Kommunikation, schon fast eine Rarität und besitzen für die Empfänger einen hohen ideellen Wert. Selbstgebastelte Post ist natürlich besonders schön, aber es gibt auch unzählige Karten mit stimmungsvollen Motiven zu kaufen. In manchen Haushalten sind sie ein eigenes Element der vorweihnachtlichen Dekoration, indem sie zum Beispiel alle zusammen auf eine Anrichte gestellt werden. So kann man sie immer wieder zwischendurch zur Hand nehmen und sich an den Grüßen der verschiedenen Absender erfreuen.

LINKS: Selbst gebastelte Adventskalender bieten genügend Platz zum Verpacken vieler individueller Überraschungen.
RECHTS: Weihnachtlichen Duft ganz ohne künstliche Aromen verbreiten mit Nelkenblüten gespickte Orangen.

♦ Selbermach-Idee ♦
Weihnachtsduft in jedem Raum

Eine herrlich duftende und schnell hergestellte Adventsdekoration sind mit getrockneten Nelken gespickte Orangen. Verschiedene Muster sehen toll aus und geben viel Raum für Kreativität. Einfach mit einem Zahnstocher Löcher in die Schale vorstechen und anschließend die Gewürznelken mit der Spitze hineinstecken. Wer sich an kunstvollen Mustern versuchen möchte, sollte diese mit einem dünnen Faserstift vorzeichnen.

Um die Kunstwerke zum Beispiel vor dem Fenster aufhängen zu können, kann man die Orangen kreuzweise mit Geschenkband umwickeln. Oder man steckt einen stabilen dünnen Draht senkrecht durch die Früchte, biegt die Enden dekorativ um und befestigt am oberen Ende ein schönes Band, zum Beispiel aus Stroh oder Sisal, als Aufhängung.

Barbaratag

Blühende Zweige an Weihnachten verheißen nicht nur Glück im neuen Jahr, sondern bringen auch einen Hauch von Frühling in die winterliche Zeit. Ein schöner Brauch also, den uns die heilige Barbara in der Adventszeit beschert hat.

Barbarazweig

Einer der schönsten Bräuche, die sich um Heilige ranken, ist das Schneiden von Obstbaumzweigen am 4. Dezember. Es ist der Namenstag der heilige Barbara, die sich als Christin bekannte und deshalb von ihrem Vater hingerichtet wurde. Das jedenfalls besagt die Legende. Auf dem Weg zum Gefängnis soll sich ihr Kleid in einem Kirschzweig verfangen haben, den sie abpflückte und mitnahm. Barbara wurde zum Tode verurteilt und am selben Tag erblühte der Zweig.

Frühlingshafte Obstbaumblüten im Winter – das ist etwas ganz Besonderes. Gerade deshalb freuen wir uns so sehr darüber, in der dunklen Zeit vor Weihnachten mit zarten Farben eine Ahnung von dem erwachenden Leben im neuen Jahr zu bekommen. Und das ist wohl auch der Sinn dieses Brauchs, der in ganz Deutschland, aber auch in Österreich und der Schweiz bekannt ist. Die Zweige verheißen Lebensfreude und Hoffnung.

Blühendes Orakel

Welche Zweige verwendet werden, ist regional unterschiedlich, aber eigentlich ist es ganz gleich, ob Kirsch-, Apfel-, Birken, Haselnuss-, Kastanien-, Pflaumen- oder Forsythienzweige erblühen. Die Symbolik steht im Vordergrund, und nach altem Volksglauben verheißen die Blüten vor allem Glück und Segen für das neue Jahr. Eine Art Orakel sollten die Zweige auch darstellen, denn je nachdem, wie viele Blüten sich entwickelten, so glaubten die Bauern früher, so viel Nachwuchs würde es auch bei den Tieren auf dem Hof geben.

In manchen Gegenden wurden früher mit den Barbarazweigen aber auch noch andere schöne Gepflogenheiten verbunden. Junge Mädchen gaben jedem Zweig den Namen eines Verehrers. Der junge Mann, dessen Zweig zuerst erblühte, wurde der spätere Bräutigam.

RECHTS: Blühende Zweige an Weihnachten verheißen den kommenden Frühling.

♦ Selbermach-Idee ♦
Damit es an Weihnachten blüht

Barbarazweige werden am 4. Dezember geschnitten. Es ist natürlich schön, einen Strauß aus dem eigenen Garten zusammenzustellen, aber auch viele Gärtnereien und Blumenläden halten für diesen Tag verschiedene Zweige bereit. Dass sie genau an Weihnachten erblühen, muss nicht dem Glück oder Schicksal überlassen werden. Am besten legt man die frisch geschnittenen Zweige über Nacht in lauwarmes Wasser und stellt sie am nächsten Tag in eine Vase. Ein heller Platz eignet sich gut, an dem es weder zu kalt noch zu warm ist. Das Wasser wechselt man am besten alle zwei bis drei Tage. Es sollte nicht zu viel Wasser in der Vase stehen, das ist eigentlich wie bei allen Blumensträußen, denn sonst faulen die Stängel leicht, und es wird nichts mit den schönen Blüten.

Nikolaustag

»Seid ihr alle brav gewesen?«, fragt der Nikolaus am 6. Dezember wohl in so mancher Familie, in Kindergärten und Schulen. Am Abend davor werden fleißig Schuhe vor die Tür gestellt, damit der gute Mann etwas hineinlegen kann. Die Erwachsenen freuen sich mit ihren kleinen und größeren Kindern und feiern den Gedenktag mit Plätzchen, Bratapfel und Glühwein.

Wer kennt ihn nicht, den Nikolaus. Einen langen Bart hat er und einen roten Mantel an und meistens noch einen etwas böse dreinblickenden Mann bei sich. Genau betrachtet ist das mit dem Nikolaus aber gar nicht so einfach, denn hier vermischen sich alte und neue Bräuche und Gepflogenheiten, und die christlichen Wurzeln gehen immer mehr verloren.

Santa Claus oder Nikolaus?

Wenn vom Nikolaus die Rede ist, haben viele das Bild des Weihnachtsmanns vor Augen. Doch der wurde eigentlich erst 1931 ins weihnachtliche »Brauchtumsspiel« eingeführt. Entsprungen ist der Santa Claus einer Zeichnung von Haddon Sundblom, der für Coca-Cola eine ganz besonders einprägsame Figur entwerfen sollte – und Coca-Cola damit zu großem Erfolg verhalf. Der Santa Claus ist heute nicht mehr aus den Medien wegzudenken und verdrängt den Heiligen Nikolaus, der zu seiner Zeit sehr viel Gutes bewirkt hat.

Wer sichergehen will, dass es sich um den richtigen Nikolaus handelt, muss auf seine Kopfbedeckung achten: Der heilige Nikolaus trägt nämlich eine Bischofsmütze. Mit seinem Begleiter kommt er im Bischofsgewand, mit langem weißem Bart, Bischofsmütze, Bischofsstab und goldenem Buch, in dem alles steht, was die Kinder das ganze Jahr über angestellt haben, in Familien und Kindergärten!

Bischof von Myra

280 nach Christus wurde Nikolaus in Kleinasien geboren. Historisch belegt ist zwar nicht viel aus seinem Leben, fest steht aber, dass er am 6. Dezember starb. Dafür ranken sich viele Legenden um seine Person. Er soll ein freundlicher und hilfsbereiter Mensch gewesen sein und viele gute Werke getan haben. Unschuldig zum Tode verurteilte Feldherren soll er gerettet haben, ebenso wie drei in Seenot geratene Pilger. Die wichtigste Geschichte und gleichzeitig der Ursprung dafür, dass der Nikolaus Geschenke bringt, ist die Legende, nach der er

einer Familie heimlich Geld durchs Fenster und den Kamin geworfen haben soll, um die drei Töchter vor der Prostitution zu retten.

Es ist verständlich, dass der heilige Nikolaus im vierten Jahrhundert zum beliebtesten Heiligen der slawischen Länder wurde. Im Grunde genommen ist er ein »Heiliger für alle Fälle«, so vielen verschiedenen Menschen hat er geholfen. Er ist immerhin Schutzpatron der Bäcker, Bauern, Bierbrauer, Schnapsbrenner, Kaufleute und Seefahrer.

♦ Rezept-Idee ♦
Bratapfel

Bratäpfel gehören zum Winter wie Schnee und Kälte. Dieses leckere Rezept passt wunderbar zu einer kleinen Nikolausfeier in der Familie.

Zutaten
4 mehligkochende Äpfel ¦ 50 g Mandelsplitter ¦ 50 g Rosinen ¦ 4 TL Honig ¦ 1 Prise Zimt ¦ Etwas Butter

Die Äpfel waschen und das Kerngehäuse mit einem Apfelstecher herausstechen. Mandeln, Rosinen, Honig und Zimt vermischen. Die Füllung mit einem Teelöffel in die Öffnung der Äpfel geben und mit einem Rührlöffelstiel hineindrücken.

Die Äpfel in eine gefettete Auflaufform setzen und auf jeden Apfel ein Butterflöckchen geben. Im vorgeheizten Backofen bei 200 Grad etwa 25 Minuten backen. Dazu Vanillesoße oder Vanilleeis servieren.

Knecht Ruprecht

Schon aus dem Mittelalter ist der knurrige Geselle bekannt, der als Ruprecht, Knecht Nikolaus, Nickel, Pelznickel, Bartel, Hans Muff, Hans Trab oder Krampus, wie in Österreich und am Mittelrhein, bezeichnet wird. Im späten 17. Jahrhundert begleitete er sogar eine Zeit lang das Christkind, doch seit dem 18. Jahrhundert taucht er nur noch zusammen mit dem Nikolaus auf. Namen wie schwarzer Piet, Düvel und Bock deuten auf mittelalterliche Teufelsbezeichnungen hin und zeigen, dass auch hier heidnische und christliche Bräuche ineinander übergehen.

Noch vor einigen Jahrzehnten wurde Knecht Ruprecht auch zu pädagogischen Zwecken eingesetzt. Er machte den Kindern gehörige Angst, und wer auf die Frage: »Seid ihr auch alle schön brav gewesen?« nicht mit Ja antworten konnte oder gar log, bekam schon mal ein paar leichte Hiebe.

Von Schuhen und Schiffchensetzen

Zu Nikolaus ist der bekannteste Brauch, dass die Kinder am 5. Dezember einen Schuh oder Stiefel vor die Tür stellen oder einen großen gestrickten Strumpf an die Tür hängen. Über Nacht – und ungesehen von den Menschen – füllt der Nikolaus diese mit seinen Gaben.

Im 15. Jahrhundert stellte man keine Schuhe, sondern Schiffe nach draußen. »Schiffchensetzen« wurde der Brauch genannt, bei dem die Kinder aus Papier »Nikolaus-Schiffchen« bastelten. Nikolaus ist auch Schutzpatron der Seefahrer, und daher rührt dieser Brauch.

♦ Selbermach-Idee ♦
Schiffchensetzen

Das Schiffchensetzen können wir auch heute mit unseren Kindern ausprobieren, indem wir gemeinsam Papierboote basteln. Auf diese Weise kann den Kindern das Leben des heiligen Nikolaus nähergebracht werden.

Ein nicht zu dünnes Papier zur Hälfte zu einem doppellagigen kleineren Rechteck falten. Die Öffnung liegt nach unten. Das Ganze nochmals zur Hälfte zum Rechteck falten und wieder öffnen. Eine senkrecht verlaufende Mittellinie sollte jetzt zu sehen sein. Nun die rechte und linke äußere Ecke entlang der Mittellinie falten. Die überstehende untere Seite nach oben auf die gefalteten Dreiecke klappen und diesen Schritt auch auf der Rückseite durchführen. Die rechts und links überstehenden Ecken nun noch auf die andere Seite umklappen, sodass ein großes Dreieck entsteht.

Wird das entstandene Dreieck von unten her geöffnet, sollte es wie ein Hut aussehen. Es muss nun so hingelegt werden, dass ein Quadrat entsteht. Jetzt wird die untere Spitze nach oben gefaltet, die Faltarbeit umgedreht, sodass der Schritt auch auf der Rückseite durchgeführt werden kann. Nun wird das Dreieck erneut von unten geöffnet, gedreht und als Quadrat auf die Arbeitsplatte gelegt. Als letzten Schritt müssen die oberen Spitzen richtig auseinandergezogen werden – und fertig ist das Papierschiffchen.

Klausjagen in der Schweiz

In Küssnacht am Rigi in der Schweiz wird am Abend des 5. Dezember ein Nikolausbrauch gepflegt, der jedes Jahr viele Schaulustige anlockt. Es ist ein Umzug, bei dem mehr als 1000 Klausjäger einen unglaublichen Lärm machen. Alle sind mit einem weißen Hirtenhemd bekleidet. Pünktlich um 20.15 Uhr ertönt ein Böllerschuss und die Straßenbeleuchtung erlischt.

Ganz klar, dass dieser Brauch nur heidnischen Ursprungs sein kann, denn schon in vorchristlicher Zeit wusste man, dass Geister und Dämonen vor allem Lärm fürchteten. Während der Wintersonnenwende zogen die Menschen deshalb mit lauten Trommeln und Hörnern durch die Gegend.

RECHTS: Ist der Strumpf groß genug, kann der Nikolaus auch viel hineinlegen.

Luciafest

Licht und Wärme – danach sehnen sich die Menschen an den dunkelsten Tagen des Jahres ganz besonders. Das Luciafest am 13. Dezember, das sich vor allem in Schweden, aber auch hierzulande großer Beliebtheit erfreut, verleiht dieser Sehnsucht auf sehr schöne Art und Weise Ausdruck.

Vor der gregorianischen Kalenderreform war der 13. Dezember der kürzeste Tag des Jahres. Auch danach wurde an diesem Datum festgehalten, um das Lichterfest am Gedenktag der heiligen Lucia zu feiern. In Schweden stehen die als Lucia verkleideten Mädchen den ganzen Tag im Mittelpunkt. In einem weißen Gewand und mit einem Lichterkranz auf dem Kopf – aus Sicherheitsgründen werden echte Kerzen kaum noch verwendet – bringen sie zu Hause, in Kindergärten, Schulen und Vereinen Wärme und Licht in die Räume und singen dabei traditionelle Lucialieder.

Viele deutschsprachige Städte und Gemeinden haben diesen Brauch übernommen oder pflegen eigene Traditionen im Gedenken an die heilige Lucia. Diese trug einer verbreiteten Legende zufolge einen Kerzenkranz auf dem Kopf, als sie Frühchristen, die sich aus Angst vor Verfolgung versteckt hielten, mit Lebensmitteln versorgte. Noch heute verteilt die Lucia in einigen Gegenden in Bayern und Österreich am Morgen des 13. Dezember Süßigkeiten an die Kinder und bringt den Mädchen Geschenke, während die Jungen bereits vom Nikolaus beschenkt wurden.

♦ Rezept-Idee ♦
Lussekatter

Das traditionelle Gebäck zum Luciafest heißt Lussekatter, übersetzt »Luciakatzen«. Die reichliche Zugabe von Safran verleiht dem süßen Hefeteig eine leuchtend gelbe Farbe, die an die Wintersonne erinnert.

Zutaten
200 g Butter ¦ 500 ml Milch ¦ 1 Würfel Hefe ¦
1 Ei ¦ 1 g gemahlener Safran ¦ 200 g Zucker ¦
1 Msp. gemahlene Vanille ¦ ½ TL Salz ¦ 1 kg Mehl ¦
1 Eigelb ¦ Rosinen zum Verzieren

RECHTS: Gelb wie die Wintersonne leuchten die Lussekatter – und dazu duften sie auch noch köstlich.

Butter und Milch in einen Topf geben und leicht erwärmen. Die Flüssigkeit in eine Schüssel gießen, die Hefe darin auflösen. Das Ei aufschlagen und zufügen. Safran, Zucker, Vanille und Salz mischen und zur Hefemilch geben. Das Mehl in die Schüssel sieben und verrühren. Den Teig mindestens fünf Minuten kräftig durcharbeiten, bis er glatt und geschmeidig ist. Die Schüssel mit einem Tuch abdecken und den Teig an einem warmen Ort gehen lassen, bis sich das Volumen verdoppelt hat.

Den Teig auf einer bemehlten Arbeitsfläche nochmals durchkneten. Aus dem Teig ungefähr 30 je 20 Zentimeter lange Rollen formen. Jeden Teigstrang zu einem »S« formen und jeweils zu zweit aneinandergelegt auf ein gefettetes Backblech legen. Die Lussekatter mit verquirltem Eigelb bestreichen und jeweils in die Mitte eine Rosine setzen. Im vorgeheizten Backofen bei 240 Grad (Ober-/Unterhitze) 10 bis 15 Minuten backen.

Lichterhäuser für Lucia

Ein ganz besonderer, sehr alter Brauch wird in Fürstenfeldbruck gepflegt: das Lucien-Häuschen-Schwimmen. Rund 200 von Kindern gebastelte Häuschen, durch deren Fenster aus Transparentpapier Kerzen leuchten, werden am Abend des 13. Dezember nach dem Luciengottesdienst in einer Prozession zum Ufer des Flusses Amper getragen und dort in die Strömung gesetzt. Der Ursprung dieses schönen Schauspiels lässt sich auf das Jahr 1785 zurückführen, als Fürstenfeldbruck von einer Hochwasserkatastrophe bedroht war. Die Bürger baten die Heilige Lucia um Hilfe und setzten als Opfergabe Modelle ihrer Häuser in den Fluss. Tatsächlich blieb die Stadt von einem Unglück verschont. Mitte des 19. Jahrhunderts gerieten der Gedenkgottesdienst und der damit verbundene Brauch in Vergessenheit, doch seit 1949 schwimmen die beleuchteten Häuschen wieder durch die Dunkelheit.

Neuer Termin für das Christkind

Nach der Reformation wurde der Heiligenkult in Deutschland verboten – dementsprechend brachte nun nicht mehr der heilige Nikolaus, sondern das Christkind den Kindern die Geschenke. Für die zu jener Zeit stark von deutschen Traditionen geprägten Regionen Südschwedens war dies ein Problem, denn das schwedische Weihnachtsfest ließ keine Verkleidungsbräuche zu. Und so gibt es die These, dass der Luciatag gar nichts mit den Legenden der heiligen Lucia zu tun hat, sondern nur als Ausweichtermin für die Bescherung gewählt wurde und die Verbindung zum lateinischen Wort »lux« für »Licht« gut passte. Längst hat sich aber auch in Schweden der Weihnachtsmann in seiner roten Robe an Heiligabend etabliert.

◆ Selbermach-Idee ◆
Lucienweizen

Ein schöner Brauch für die letzten zehn Tage vor Weihnachten ist das Säen von Lucienweizen: Weizenkörner werden am 13. Dezember in eine Schale gelegt und regelmäßig bewässert. Bei Raumtemperatur keimt die Saat sehr schnell, sodass man den Trieben beinahe beim Wachsen zusehen kann. Bis Weihnachten erreichen sie Längen von 15 bis 20 Zentimetern. Je höher sie in den zehn Tagen vor Weihnachten gewachsen sind, umso ertragreicher soll die nächste Ernte ausfallen. Wer mag, kann die zarten Halme zum Weihnachtsmenü auch über den Salat streuen und sich dem Glauben nach auf diese Weise Gesundheit für das kommende Jahr sichern.

LINKS: Das Wachstum des Lucienweizens soll dem Glauben nach Rückschlüsse auf die nächste Ernte zulassen.
RECHTS: Mit Lichterschmuck in den Fenstern setzt man einen Gegenpol zur frühen Dunkelheit draußen.

Bochselnacht

Erstaunlich wenig beschaulich geht es im Rheinland, in einigen Orten Süddeutschlands
und der Schweiz und vor allem im Städtchen Weinfelden im Schweizer Kanton Thurgau an einem
besonderen Tag inmitten der Vorweihnachtszeit zu: »Bochselnacht« steht dort am
Donnerstag in der letzten ganzen Woche vor Heiligabend im Kalender.

»Bochseln« ist ein alter, mit »posseln« oder »pochen« verwandter Ausdruck – ums Rumpeln, Klopfen und einfach Lärmmachen ging und geht es bei diesem Brauch also vor allen Dingen. Wieder einmal sollte auf diese Weise wohl bösen Geistern der Garaus gemacht werden. Bereits im Mittelalter fanden sich bei Einbruch der Dunkelheit die jungen Leute zusammen und veranstalteten ihr Treiben, das beileibe nicht immer auf wohlwollende Zustimmung stieß. In manchen Schweizer Städten verboten Verordnungen das Getöse, das vermutlich auch mit vorchristlichen Totenbräuchen in Zusammenhang stand.

Anders in Weinfelden, einer Kleinstadt im Kanton Thurgau: Hier ist die Bochselnacht ein ganz besonderes und sehr beliebtes Fest, das von Schülerinnen und Schülern, aber auch von Erwachsenen aufwendig zelebriert wird. Es beginnt zwei Tage zuvor, wenn ein Landwirt aus der Region einen großen Anhänger voll mit Futterrüben (Räben) an die Schule liefert. Jedes Kind nimmt sich eine Rübe und hat nun die Aufgabe, aus ihr ein Bochseltier zu fertigen, sie also mit Schnitzereien nach Belieben auszuhöhlen und zu verzieren. Denn Höhepunkt der Bochselnacht ist ein Umzug der Kinder, die mit ihren geschnitzten und mit einer Kerze ausgeleuchteten Bochseltieren an einem Stab durch die Stadt ziehen. Begleitet wird das Lichterspektakel von Trommlern. Nach der Ankunft auf dem Rathausplatz wird das Lied »Freut euch des Lebens« gesungen, bevor die schönsten Rüben prämiert werden, ein Theaterstück aufgeführt wird und alle Beteiligten sich mit dem traditionellen Bochselnachtsgebäck »Böllewegge« stärken.

Möglicherweise besitzt der Brauch in Weinfelden auch eine Verbindung zu einer Pestepidemie im 17. Jahrhundert. Vor allem aber ist er ein Lichterbrauch in der dunklen Jahreszeit, und als solcher wird er auch andernorts in Varianten gepflegt. So kennt man in der Schweiz verschiedene »Räbelicht-Umzüge«, und im Rheinland sind es beispielsweise Kürbisse statt Rüben, die für die Kerzen ausgehöhlt und von innen beleuchtet werden.

♦ Rezept-Idee ♦
Böllewegge

»Bölle« ist in der Ostschweiz das Wort für Zwiebel. Bölleweggen, die in Weinfelden traditionell und ausschließlich zur Bochselnacht gebacken werden, sind also mit Zwiebelstreifen oder -würfeln gefüllte Hefetaschen.

Zutaten
600 g Mehl ¦ Salz ¦ 75 g + 3 EL weiche Butter ¦
½ Würfel Hefe ¦ 150 ml lauwarme Milch ¦
150 ml lauwarmes Wasser ¦ 1 Ei ¦ 400 g Zwiebeln ¦
200 g würziger Käse, zum Beispiel Tilsiter ¦
2–3 EL Paniermehl ¦ 100 g Crème fraîche ¦
Pfeffer ¦ 1 TL Kümmel

Mehl und 1 TL Salz in eine Schüssel geben, die Butter in Flöckchen dazugeben. In die Mitte eine Mulde drücken. Die Hefe mit der Milch und dem Wasser verrühren und in die Mulde gießen. Das Ei hinzufügen. Alle Zutaten zu einem Teig verrühren und einige Minuten gründlich durchkneten. Den Hefeteig an einem warmen Ort circa 30 Minuten gehen lassen. Er sollte sein Volumen ungefähr verdoppeln.

In der Zwischenzeit die Zwiebeln schälen, in feine Streifen oder Würfel schneiden und in 3 EL Butter anschwitzen. Den Käse reiben. Zwiebeln, Käse, Paniermehl, Crème fraîche und Gewürze verrühren.

Den Teig nochmals durchkneten, dünn ausrollen und in zwölf Rechtecke schneiden. Die Füllung auf die Teigstücke geben, jeweils einen kleinen Rand lassen. Die Längsseiten einschlagen und gut andrücken. Die Bölleweggen mit der Nahtstelle nach unten auf ein gefettetes oder mit Backpapier ausgelegtes Backblech legen, mit einer Gabel einstechen und nochmals 30 Minuten gehen lassen.

Den Backofen auf 200 Grad vorheizen. Die Bölleweggen mit Wasser bepinseln und 20 bis 30 Minuten backen.

Weihnachten

Festtagsstimmung allerorten! Weihnachten ist in vielen Familien neben den Geburtstagen
das bedeutendste Fest im Jahr. Die Verwandtschaft kommt zusammen, man lässt es sich gut gehen,
vergisst ein paar Tage die vielen kleinen Sorgen und Probleme, geht in die Kirche und feiert
die Geburt Jesu Christi mit vielen Traditionen und Ritualen.

Wie wohl kein zweites Fest im Jahresverlauf ist Weihnachten von einer Vielzahl typischer Bräuche und Traditionen geprägt, die oft seit vielen Jahrhunderten bestehen und diverse gesellschaftliche Wandlungen überdauert haben. Manche von ihnen haben international Bedeutung erlangt, andere wiederum sind nur in einzelnen Regionen zu Hause oder werden sogar nur in einzelnen Familien am Leben gehalten.

Ein Beispiel ist das Essen. Die Weihnachtsabende werden norddeutsch auch sehr treffend als »Vullbuuksabende« bezeichnet – als Abende der vollen Bäuche. Ob arm oder reich: Zu Weihnachten kommt etwas Besonderes auf den Tisch. Früher glaubte man, ein gutes Essen zu Weihnachten sorge für ein gutes neues Jahr ohne wirtschaftliche Nöte. Heute geht es vor allem um den Genuss und die gemeinsam an der Festtafel verbrachte Zeit. Während die einen auf den Weihnachtskarpfen schwören, ist für die anderen Heiligabend untrennbar mit einer kross gebratenen Gans aus dem Ofen verbunden. In wieder anderen Familien kommen – quasi als Rückbesinnung auf das Gute und Einfache – Kartoffelsalat mit Würstchen oder ein Eintopf auf den Tisch. In Sachsen gibt es zu Weihnachten traditionell das sogenannte Neunerlei: neun verschiedene Gerichte, die jeweils symbolisch für etwas Gutes im neuen Jahr stehen. Eine Linsensuppe gehört ebenso dazu wie Sauerkraut, Klöße und zum Nachtisch Heidelbeerkompott.

In der Weihnachtsbäckerei

Weihnachten ohne selbst gebackene Plätzchen? Für die meisten ist dies undenkbar! Lebkuchen, Zimtsterne und Vanillekipferl gehören immer dazu und deuten darauf hin, dass Gewürze in früheren Zeiten einen besonderen Wert besaßen. Hinzu kommt der gesundheitliche Nutzen: Viele Gewürze enthalten von Natur aus Substanzen, die den Körper wärmen, die Abwehrkräfte steigern oder

RECHTS: Selbst gebackene Plätzchen sind eine schöne, immer wieder erneuerbare Baumdekoration.

die Verdauung anregen, was nach einer eher schweren Hauptmahlzeit sehr von Nutzen ist. Das Backen und Basteln von Pfefferkuchenhäusern ist bei Kindern sehr beliebt – nicht zuletzt, weil man so herrlich zwischendurch von der süßen Verzierung naschen kann.

Ein besonderes Weihnachtsgebäck ist der Christstollen, dessen Geschichte sich mehr als 600 Jahre zurückverfolgen lässt. Er gehört zu den Gebildbroten und steht sinnbildlich mit seiner Form und der dicken weißen Puderzuckerhülle für das in Windeln gewickelte Christkind. Es gibt ihn heute in vielen Variationen, wobei immer ein großer Anteil an Butter zu den Zutaten gehört. Ihre Verwendung war im 15. Jahrhundert in der Fastenzeit vor Weihnachten eigentlich untersagt, und erst der »Butterbrief« von Papst Innozenz VIII. erlaubte, in den zuvor fade schmeckenden Hefeteig Butter zu geben.

♦ Rezept-Idee ♦
Christstollen

Es gibt viele Variationen für Christstollenrezepte – mit Marzipan, Mohn, Nüssen, Quark und vielen anderen Zutaten mehr. Der »Klassiker« besteht aus einem Hefeteig mit reichlich Rosinen, Zitronat, Orangeat und Mandeln. Nicht zu vergessen: die Deckschicht aus flüssiger Butter und Puderzucker – einfach köstlich!

Zutaten
500 g Mehl ¦ 1 Würfel Hefe ¦ 100 g Zucker ¦
125 ml Milch ¦ 1 Prise Salz ¦ 1 TL Zimt ¦
1 TL abgeriebene Zitronenschale ¦
350 g weiche Butter ¦ 200 g Rosinen ¦ 100 g Orangeat ¦
100 g Zitronat ¦ 50 ml Rum ¦ 100 g Mandelstifte ¦
Ca. 150 g flüssige Butter ¦ Ca. 100 g Puderzucker

Das Mehl in eine Schüssel geben, in die Mitte eine Mulde drücken. Die Hefe mit etwas Zucker und etwas lauwarmer Milch anrühren und in die Mehlmulde gießen. Mit einem Löffel von der Mitte aus die Flüssigkeit mit etwas Mehl verrühren, dann den Vorteig 15 Minuten gehen lassen.

Restlichen Zucker, restliche Milch, Salz, Zimt, abgeriebene Zitronenschale und Butter zufügen. Den Teig mehrere Minuten gut verkneten und dann circa 30 Minuten gehen lassen, bis sich das Teigvolumen ungefähr verdoppelt hat.

Die Rosinen, das Orangeat und das Zitronat in dem Rum einweichen und zusammen mit den Mandelstiften unter den Teig arbeiten. Den Teig zu einem Stollen formen und auf ein mit Backpapier ausgelegtes Backblech legen. Mit einem Küchentuch bedecken und nochmals 15 Minuten ruhen lassen.

Den Backofen zunächst auf 200 Grad (Ober-/Unterhitze) vorheizen und den Stollen auf der mittleren Schiene 15 Minuten backen. Dann die Temperatur auf 170 Grad reduzieren und den Stollen circa 40 Minuten weiterbacken. Falls er zu dunkel wird, eventuell zum Schluss mit Alufolie abdecken.

Den fertigen Stollen noch heiß abwechselnd mehrmals mit flüssiger Butter bestreichen und mit Puderzucker bestreuen, am besten mit einem kleinen Haarsieb. Mit einer üppigen Schicht Puderzucker abschließen.

Weihnachtsmärkte

Der Schutzverband Dresdner Stollen wacht darüber, dass nur aus den Öfen von Mitgliedsbäckereien in Dresden und Umgebung das Originalbackwerk stammt. Auf dem Dresdner Striezelmarkt, einem der ältesten und größten Weihnachtsmärkte Deutschlands, bekommt man den Stollen, der auch Striezel genannt wird, an vielen Ständen.

Weihnachts- oder Christkindlmärkte gibt es in vielen Städten bereits seit dem späten Mittelalter. Anfangs boten sie als Handelsmärkte oft an nur einem einzigen Tag in der Vorweihnachtszeit den Menschen die Möglichkeit, Vorräte oder wichtige Dinge für den Winter zu besorgen. Später gesellten sich Zuckerbäcker, Spielzeugmacher und andere Händler hinzu, und die Dauer wurde ausgeweitet. Viele Weihnachtsmärkte haben heute über die gesamte Adventszeit geöffnet und locken die Besucher oft auch mit einem Rahmenprogramm mit Musik und Kleinkunst.

Unter dem Mistelzweig

Beliebte Ware auf allen Weihnachtsmärkten sind die Mistelzweige mit ihren kunstvoll aussehenden Verästelungen und den hübschen weißen Beeren, die in dicken Sträußen gebunden und oft mit rotem Schmuckband verziert angeboten werden. Zu Hause werden die Zweige über einer Tür befestigt; dem Aberglauben zufolge können sich zwei Liebende, die sich unter der Mistel küssen, der ewiger Dauer ihrer Verbindung gewiss sein.

Die Herkunft des ursprünglich vor allem im angel-sächsischen Raum verbreiteten Brauchs ist nicht eindeutig geklärt. Manchen Legenden zufolge gilt die Mistel als ehemaliger Baum, aus dessen Holz das Kreuz für Jesus Christus gefertigt wurde. Fest steht, dass die Mistel seit alters die Menschen faszinierte und auch ein Glückssymbol ist. Das immergrüne Gewächs lebt als Halbparasit vor allem auf Apfelbäumen, ist außerordentlich widerstandsfähig und besitzt diverse gesundheitsfördernde Eigenschaften. In der Volksheilkunde war sie deshalb sehr geschätzt und galt bisweilen sogar als heilig. Genau zur Weihnachtszeit reifen die kleinen weißen Beeren,

was den natürlichen Schmuck ganz besonders ansehnlich sein lässt. Eine strenge Auslegung des Brauchs mit dem Küssen besagt übrigens, dass nach jedem Kuss eine Beere abgepflückt werden muss und das Ritual beendet ist, wenn keine Beeren mehr übrig sind. Es lohnt sich also unter Umständen, bei der Auswahl des Mistelzweigs genau hinzuschauen …

UNTEN: Eine Gratwanderung zwischen Kitsch und weihnachtlicher Idylle sind viele geschmückte Innenstädte mit ihren Weihnachtsmärkten.

Geschmückt und herausgeputzt

Ob aus Papier oder Stroh, Glas oder Porzellan oder auch aus essbaren Materialien: Zum Heiligabend wird die gute Stube – und oft das ganze Haus – mit allerhand weihnachtlichem Schmuckwerk dekoriert. Ganz besonders gilt dies natürlich für den Christbaum, der ganz nach Geschmack verziert wird. Die klassischen Christbaumkugeln erinnern an den Apfel, der schon früher ein sehr beliebter Baumschmuck war und Fruchtbarkeit, Wohlstand und das Paradies symbolisierte. Selbst gebastelter Weihnachtsschmuck stimmt die Familie schon in der Adventszeit auf das nahende Fest ein und kann in Farbe und Form ganz dem persönlichen Geschmack angepasst werden. Das Stroh verströmt eine angenehm warme Atmosphäre und stellt die Verbindung her zu dem Stall, in dem Jesus Christus einst geboren wurde.

Die Weihnachtskrippe

Eine ganz unmittelbare Erinnerung an die Weihnachtsgeschichte liefert die Weihnachtskrippe mit der anschaulichen Darstellung der Weihnachtsgeschichte. In vielen Familien wird sie am Heiligabend aufgestellt; es gibt aber auch die Tradition, sie bereits in der Vorweihnachtszeit hervorzuholen und lediglich das Christkind am 24. Dezember zu ergänzen. Mit gemeinsam gesungenen Liedern wird dann vor der Krippe der Geburt von Jesus Christus gedacht.

Bereits im frühen Christentum gab es Vorläufer unserer heutigen Weihnachtskrippen, die verschiedene Szenen aus der Weihnachtsgeschichte darstellen und auch ganz unterschiedlich gestaltet sein können. Klassische Krippen sind aus Holz gefertigt und zeigen neben dem Jesuskind Maria und Josef, Esel und Ochse, Hirten und Schafe und zum 6. Januar auch die Heiligen Drei Köni-

LINKS: Der aus England stammende Brauch, Mistelzweige über die Tür zu hängen, hat sich auch bei uns verbreitet.
RECHTS: Mit der Krippe wird die Weihnachtsgeschichte in vielen Wohnstuben anschaulich dargestellt.

ge. Die Krippe bleibt entweder bis kurz nach dem Dreikönigsfest oder bis Mariä Lichtmess stehen.

Eine Sonderform der Krippe ist die Weihnachtspyramide. Sie wird meist durch Kerzenwärme angetrieben und zeigt so den Verlauf der Weihnachtsgeschichte in unterschiedlichen Bildern.

O Tannenbaum

Anders als die Mistelzweig-Tradition, die erst vor relativ kurzer Zeit in den deutschsprachigen Raum kam, ist das Aufstellen eines Christbaums ein ursprünglich deutscher Brauch, der allerdings inzwischen beinahe weltweite Verbreitung gefunden hat. Als Symbol des Lebens konnte man hierzulande in der dunklen und kalten Jahreszeit immergrüne Zweige gut gebrauchen. Hieraus entwickel-

te sich vermutlich nach und nach die Tradition, ganze Bäume ins Haus zu holen. Quellen zufolge stellten vor rund 600 Jahren die Bäcker in Freiburg erstmals einen Baum auf und schmückten ihn sehr zur Freude der Kinder mit Gebäck, Früchten und Nüssen. Lange Zeit gab es ausschließlich essbaren Baumschmuck – eine Tradition, die inzwischen wieder auflebt. Besonders gut eignen sich dünne Lebkuchen, die nach Belieben mit (farbigem) Zuckerguss verziert werden können.

Über viele Jahrhunderte waren Weihnachtsbäume ein Luxusgut, das sich nur die betuchten Familien leisten konnten. Heute steht in beinahe jedem Haus mindestens eine Tanne, und auch Firmen sowie öffentliche Einrichtungen möchten auf das imposante Weihnachtssymbol nicht verzichten. Als Erinnerung an den Stern von Bethlehem gehört auf die Christbaumspitze ein Stern; der übrige Baumschmuck ist vielgestaltig und unterliegt deutlich modischen Strömungen. Aus Sicherheitsgründen haben elektrische Lichterketten den echten Christbaumkerzen längst den Rang abgelaufen. Bei umsichtiger Positionierung der Kerzen und Beachtung einiger grundlegender Punkte beim Umgang mit offenem Feuer spricht jedoch nichts gegen die nostalgische Beleuchtungsalternative, die auf jeden Fall für stimmungsvolleres Licht sorgt.

Am 24. Dezember, keinesfalls schon vorher, wird traditionell der Weihnachtsbaum in die gute Stube geholt. Oft dürfen die Kinder den Raum erst betreten, wenn der Baum fertig geschmückt ist. Dem Brauchtum zum Trotz ist es jedoch ein schönes Erlebnis, wenn alle Familienmitglieder zusammen den Schmuck aufhängen. Die Geschenke werden später bis zur Bescherung unter den Baum gelegt; vor dem Baum stehend sagen die Kinder Gedichte auf, bevor der Weihnachtsmann die Gaben verteilt.

Am 6. Januar, in vielen katholischen Gegenden auch erst am 2. Februar wird der Christbaum abgeschmückt und aus dem Haus geholt. So manches Exemplar bietet Material für das kommende Osterfeuer, andere können, natürlich von allen Schmuckresten befreit, noch von Zoos zur Tierfütterung verwertet werden.

Ihr Kinderlein kommet

Ihr Kinderlein kommet, o kommet doch all
zur Krippe her kommet in Bethlehems Stall.
Und seht was in dieser hochheiligen Nacht
der Vater im Himmel für Freude uns macht.

O seht in der Krippe im nächtlichen Stall
seht hier bei des Lichtleins hellglänzendem Strahl
in reinlichen Windeln das himmlische Kind
viel schöner und holder als Engel es sind.

Da liegt es, das Kindlein, auf Heu und auf Stroh;
Maria und Joseph betrachten es froh.
Die redlichen Hirten knien betend davor;
hoch oben schwebt jubelnd der Engelein Chor.

O beugt wie die Hirten anbetend die Knie,
erhebet die Händlein und danket wie sie.
Stimmt freudig, ihr Kinder – wer sollt sich nicht freun? –
stimmt freudig zum Jubel der Engel mit ein!

Was geben wir Kinder, was schenken wir dir,
du bestes und liebstes der Kinder, dafür?
Nichts willst du von Schätzen und Reichtum der Welt
ein Herz nur voll Demut allein dir gefällt.

So nimm unsre Herzen zum Opfer denn hin,
wir geben sie gerne mit fröhlichem Sinn,
und mache sie heilig und selig wie deins,
und mach sie auf ewig mit deinem in eins.

Tag der unschuldigen Kinder

Der Tag der unschuldigen Kinder wird in verschiedenen christlichen Kirchen Ende Dezember gefeiert. Er soll auf die Vorkommnisse nach Jesu Geburt zurückgehen, als Herodes alle Jungen unter zwei Jahren in Bethlehem töten ließ in der Hoffnung, dass auch der neugeborene König der Juden dabei sei. In Österreich segnen an diesem Tag Kinder ihre Eltern – ein schöner Brauch.

Es war zur Zeit der Heiligen Drei Könige. Die sollten nämlich König Herodes mitteilen, wo sie den neugeborenen König der Juden angetroffen hatten. Sie erzählten Herodes nichts, doch aus Angst, ein neuer König könnte ihm seinen Platz streitig machen, ließ er alle Jungen, die noch nicht zwei Jahre alt waren, umbringen. König Herodes war bekannt für seine Grausamkeiten, heute ist es aber dennoch umstritten und fraglich, ob dieser Kindermord tatsächlich passiert ist.

Als sogenannten liturgischen Gedenktag begehen die römisch-katholische, die anglikanische und die orthodoxe Kirche den 27., 28. oder 29. Dezember. Im Mittelalter wurden an diesem »Tag der unschuldigen Kinder« in Schulen und Klöstern Kinderfeste mit Narrenspielen gefeiert. In Klosterschulen war dabei vor allem auch das Kinderbischofsspiel beliebt. Für einen Tag durfte ein Junge die Schule »regieren«, und die Erwachsenen mussten allen seinen Wünschen und Befehlen gehorchen. Es war praktisch eine »verkehrte Welt« und das Ganze ging so weit, dass bis heute Kinder die Erwachsenen »schlagen« dürfen. Doch dabei handelt es sich nur um leichte und natürlich gut gemeinte Hiebe. Während der Reformation wurde der Brauch in evangelischen Gegenden abgeschafft. Er hielt sich zwar noch in katholischen Regionen, geriet aber im 18. Jahrhundert gänzlich in Vergessenheit.

Frisch- und G'sundschlagen

Am Tag der unschuldigen Kinder, der bis heute in verschiedenen Regionen Österreichs gefeiert wird, dürfen Kinder den Erwachsenen Glück und Gesundheit für das neue Jahr bringen – und das geschieht durch das Schlagen mit einer Rute, »Schnappen« genannt. In Kärnten wurden die Erwachsenen mit Tannenzweigen geschnappt, die manchmal vom Weihnachtsbaum genommen wurden. Gleich morgens gehen die Kinder zu den Eltern und Großeltern, wenn die noch im Bett liegen. Dabei sagen sie normalerweise Verse auf und werden mit kleinen Geschenken oder auch Geld belohnt. Natürlich bekommen sie auch jede Menge Süßigkeiten.

Bis ins letzte Jahrhundert hinein wurde der Brauch auch in Bayern noch gepflegt und war als Fetzeltag bekannt.

Auch in Spanien feiert man den Tag der unschuldigen Kinder. Allerdings ist das Brauchtum eher mit dem des 1. April vergleichbar. Am »Día de los Santos Inocentes« werden nämlich Freunde und Bekannte geärgert.

Heischebräuche

Das Brauchtum um den »Tag der unschuldigen Kinder« ist in die Kategorie der Heischebräuche einzuordnen, da von den Kindern Gaben gefordert werden. Heischebräuche haben eine lange Tradition. Fahrendes Volk, arbeitslose Handwerker, aber auch Kinder baten zu verschiedenen Gelegenheiten um Gaben. Auch das Sternsingen ist ein Heischebrauch, der früher von kirchlicher Seite geduldet und heute unterstützt wird.

Das Brauchtum hat sich insoweit erhalten, dass auch heute noch an Halloween oder beim sogenannten Neujahranwünschen Gaben erbeten werden. Am Neujahrstag gehen die Kinder in der Nachbarschaft umher, um ein frohes und gesundes neues Jahr zu wünschen, und bekommen dafür Geld.

Schnappvers aus Kärnten

Frisch und g'sund, frisch und g'sund,
Lang leben und g'sund bleiben
und a glücklichs Neujahr!

In der Steiermark klang das noch etwas anders:

Frisch und g'sund, frisch und g'sund,
lang lem und g'sund bleim,
nix glunzn nix klong,
bis i wieder kum schlong.

Silvester und Neujahr

»Und jedem Anfang wohnt ein Zauber inne«, schrieb Hermann Hesse. Dem Moment, wenn die Uhren am 31. Dezember zwölf schlagen, haftet heute wie zu früheren Zeiten etwas Magisches und Einzigartiges an. Einige christlich geprägte, vor allem aber heidnische Bräuche ranken sich um Silvester und Neujahr. Immer im Mittelpunkt: das Thema Glück.

Im Kirchenjahr ist der 31. Dezember eigentlich gar nicht der letzte Tag im Jahr. Vielmehr geht in der Kirche das Jahr mit dem Sonnabend vor dem 1. Advent zu Ende. Dennoch gibt es Silvestergottesdienste als Feiern zum Jahresabschluss – die Kirche hat sich dem allgemein gültigen Kalendarium angepasst. Im Jahr 1582 wurde im Zuge der Gregorianischen Kalenderreform der letzte Tag des Jahres auf den Termin verlegt, den wir alle kennen. Es war der Todestag von Papst Silvester, der im Jahr 335 starb, und somit ein Gedenktag an einen Heiligen und inzwischen auch dessen Namenstag. »Altjahrstag« oder »Altjahrsabend« wird der Tag in einigen Gegenden alternativ genannt – als Gegenpol zum darauf folgenden Neujahrstag.

Was die Zukunft bringen mag

Voller Neugier, Vorfreude und Hoffnungen wollten die Menschen schon zu früheren Zeiten wissen, was das neue Jahr für sie bereithält – vor allem das Gute natürlich. So hatten Wahrsager und Handleser zu Silvester Hochkonjunktur, und es gab und gibt diverse Orakel, aus denen sich vermeintlich die Zukunft vorhersagen lässt. Auch Menschen, die dem Aberglauben sonst skeptisch gegenüberstehen, sind neugierig auf die Prognosen für die 365 nächsten Tage.

Ein Klassiker ist das Bleigießen: Kleine Bleikügelchen werden auf einem Löffel über einer Kerzenflamme erhitzt, das flüssige Blei wird dann mit Schwung in eine Schale mit kaltem Wasser gegossen. Die Form, die daraus entsteht, gibt jede Menge Raum für Interpretationen, und so sollte sich eigentlich immer etwas Positives in den Fantasiegebilden erkennen lassen. Möglicherweise geht die Verwendung von Blei auf die Erfindung des Buchdrucks zurück, für den man Blei benötigte. Heute sollte man allerdings lieber eine gesundheits- und umweltschonende Alternative wählen: das Wachsgießen.

RECHTS: Was das neue Jahr bringen mag, zeigt sich beim Bleigießen – die passende Deutung findet sich bestimmt.

Es funktioniert mit Resten von Kerzenwachs genauso gut, wobei man das Wachs allerdings im Wasser einige Augenblicke fest werden lassen sollte, bevor man es zum Deuten herausnimmt.

Ebenfalls viele Möglichkeiten zur Deutung bot das Apfelschalenwerfen: Ein Apfel wurde so geschält, dass die Schale ein langes, spiralförmiges Stück ergab. Diese Schale wurde dann rückwärts mit der rechten Hand über die linke Schulter geworfen. Landete sie vielleicht in der Form eines Herzens? Oder eines Buchstabens als Zeichen für den Namen des Liebsten? Oder als Ring für eine bevorstehende Heirat?

Früher gab es außerdem das »Bibelstechen«: Jeder blätterte intuitiv eine Seite der Bibel auf und zeigte mit dem Finger, ohne hinzuschauen, auf die Seite. Die dort stehende Textstelle sollte im nächsten Jahr für die Person eine besondere Bedeutung haben.

Allerlei Glückssymbole

Diverse Symbole für Glück verschenkt man traditionell zu Silvester und hofft natürlich auch, selbst damit bedacht zu werden. Und auch wenn niemand ein echtes rosa Schwein oder einen echten Fliegenpilz überreicht bekommen möchte: In Abwandlungen interpretiert und beispielsweise aus Marzipan nachmodelliert, gehören sie zu den klassischen Glücksbringern. Die Verbindung zwischen dem eigentlich giftigen Fliegenpilz und dem Thema Glück ist dabei unklar; das Schwein hingegen galt schon in vorchristlicher Zeit als Zeichen für Wohlstand, und wer noch einmal Glück gehabt hat, hat sprichwörtlich »Schwein gehabt«.

UNTEN: Man benötigt ein fertig vorbereitetes Sandwich, eine Herz-Ausstechform – und schon ist das Glückskleeblatt fürs Silversterbüfett fertig.

Ein schönes Glückssymbol, dessen prägnante Form sich zum Beispiel auch für eigene Kreationen von Schnittchen für das Silvesterbüfett anbietet, ist das vierblättrige Kleeblatt. Seine Seltenheit in der Natur begründet seine glückbringenden Eigenschaften – dies gilt jedoch nicht für gezielt gezüchtete vierblättrige Kleeblätter.

Als Nützling für die Landwirtschaft hat es auch der Marienkäfer auf die Liste der beliebten Glückssymbole geschafft. Ebenso wie das Hufeisen, dank dessen Erfindung Pferde besser und deutlich länger auf harten Böden laufen konnten, sowie der Schornsteinfeger, der einen verstopften Kamin wieder nutzbar machte und so Wärme und heiße Mahlzeiten im Haus ermöglichte. Ein weiteres Symbol für Reichtum ist der Glückspfennig, der auch nach der Einführung des Euro in vielen Portemonnaies seinen Platz behalten hat und zum Beispiel auf Grußkarten zu Neujahr geklebt wird. Manchmal muss es inzwischen auch der »Glückscent« tun …

Was auf den Tisch kommt

Nicht zufällig kommt in vielen Familien zu Silvester oder zu Neujahr ein Karpfen auf den Tisch. Denn auch die Schuppen dieses Fisches galten früher als Glückssymbol, und oft war es üblich, dass der Hausherr während des Essens eine Karpfenschuppe unter seinem Teller liegen hatte, sie anschließend in seine Tasche steckte und während des ganzen Jahres bei sich trug. So sollte jederzeit für Glück und vor allem Geldsegen gesorgt sein. Die Schuppen eines Karpfens im Haus zu verstreuen und damit allen Bewohnern Glück zu bringen, dürfte ein eher ausgestorbener Brauch sein. Zumal man für die Zubereitung von »Karpfen blau« den Fisch gar nicht schuppen sollte, damit er die typische Farbe bekommt.

Immer genügend Münzen in der Geldbörse soll es dem Aberglauben zufolge auch geben, wenn als Speisen Linsensuppe oder Sauerkraut, mancherorts auch Hirse oder Reis serviert werden. Erbsen hingegen durften bloß nicht dabei sein – von ihnen glaubte man, dass sie das Geld wegrollen lassen.

Direkt zu Mitternacht oder auch schon nachmittags am Silvestertag gibt es oft »Berliner«: Schmalzgebäck, wie es auch zum Beispiel zum Karneval bekannt ist. Die Besonderheit: Nicht nur köstlich mit Konfitüre oder Pflaumenmus gefüllt wird das Backwerk, sondern vereinzelt auch mit Senf. Beim Zugreifen weiß man nie, welchen »Glücksgriff« man gerade getätigt hat, und wer allzu arglos in die scharfe Version gebissen hat, muss gute Miene zum bösen Spiel beweisen. Wer die Krapfen selbst zubereitet, kann sie mit farbigem Zuckerguss mit den genannten Glückssymbolen nach Belieben verzieren.

♦ Rezept-Idee ♦
Karpfen blau

Zutaten
1 Karpfen, ca. 3 kg ┊ 3 l Wasser ┊ 1 Bund Suppengrün (Petersilienwurzel und Petersiliengrün, Sellerie, Porree, Möhren) ┊ 2 Zwiebeln ┊ 3 EL Salz ┊ 2 TL Zucker ┊ Einige Pfefferkörner ┊ Einige Wacholderbeeren ┊ 3 getrocknete Nelkenblüten ┊ 3 Lorbeerblätter ┊ 500 ml Essig

Das Wasser in einen genügend großen Topf geben. Der Topf muss so groß sein, dass später der Karpfen gut hineinpasst. Das Suppengrün putzen und in Stücke schneiden. Die Zwiebeln schälen und in Ringe schneiden. Das Gemüse in den Topf geben und aufkochen lassen. Salz, Zucker, Pfefferkörner, Wacholderbeeren, Nelkenblüten und Lorbeerblätter hinzufügen und den Sud 30 Minuten bei geschlossenem Deckel leicht köcheln lassen.

Den Karpfen ausnehmen und gründlich innen und außen abspülen. Wichtig: Der Fisch darf nicht geschuppt werden, da er nur dann blau wird, wenn die äußere Schleimschicht intakt bleibt.

Den Essig in einem zweiten Topf aufkochen. Den vorbereiteten Karpfen mit der Bauchseite über eine Tasse

stülpen und in ein flaches Gefäß stellen. Den heißen Essig über den Karpfen gießen und den Fisch 10 Minuten stehen lassen.

Den Essigsud und den Karpfen zum Gemüse in den Topf geben. Das Wasser soll sieden, keinesfalls sprudelnd kochen. Den Karpfen circa 25 Minuten garen. Er ist fertig, wenn sich die Rücken- oder Schwanzflosse auf leichten Zug herausziehen lässt. Den Karpfen aus dem Sud nehmen und kurz abtropfen lassen. Mit Petersilienkartoffeln, Sahnemeerrettich und zerlassener Butter servieren.

UNTEN: Eine Schuppe des Neujahrskarpfens soll der Hausherr immer bei sich tragen – für Glück und Wohlstand.

Feuerzangenbowle

Ein dampfender Kupferkessel, züngelnde Flammen aus dem Zuckerhut und der Duft nach heißem Rotwein und Rum – für viele ist die Feuerzangenbowle ein traditionelles Getränk zu Silvester und auch ein geselliger Zeitvertreib am Abend vor dem Jahreswechsel. Berühmt wurde das Getränk, das es in sich hat, durch den gleichnamigen Film mit Heinz Rühmann in der Hauptrolle als Schüler Pfeiffer aus dem Jahr 1944.

Für die Zubereitung benötigt man am besten ein spezielles Feuerzangenbowle-Set, das im Handel erhältlich ist. Zum Rotwein kommen Orangen- und Zitronensaft, Zimt und Gewürznelken in den Kessel. Der Zuckerhut wird auf die Feuerzange gelegt und über dem Topf mit der siedenden, nicht kochenden Flüssigkeit platziert. Nun wird er mit Rum übergossen und bei möglichst wenig Raumlicht angezündet – dann kommt das mystische Flammenbild besonders gut zur Geltung und die Atmosphäre für das Erzählen fantasievoller Geschichten ist geschaffen. Nach und nach tropft der getränkte Zucker in den Rotwein und kann in kleine Gläser geschöpft werden. Bis der Zuckerhut ganz geschmolzen ist, wird immer wieder erwärmter Rum nachgegossen.

Silvesterläufe

Eine schöne Tradition, das alte Jahr aktiv ausklingen zu lassen, bieten die Silvesterläufe, die allein in Deutschland in 100 Städten durchgeführt werden. Schnee und Eis zum Trotz gehen oft mehr als 1000 Läufer am Nachmittag des 31. Dezember auf die Strecke, wobei der Spaß am gemeinsamen Laufen wichtiger ist als das Wettkampfergebnis. Entsprechend farbenfroh und außergewöhnlich ist oft auch die Kleidung.

LINKS: Für viele unverzichtbares Element eines gelungenen Silvesterabends: die Feuerzangenbowle.
RECHTS: In diesem Moment erreicht die Spannung ihren Höhepunkt: Oft werden die letzten Sekunden vor null Uhr laut mitgezählt.

Der weltweit älteste und größte Silvesterlauf findet mit rund 12 000 Läufern in der Innenstadt von São Paulo (Brasilien) über eine Strecke von 15 Kilometern statt. Seit der Deutsche Erich Kruzycki erst das Rennen in São Paulo gewann und dann am Silvesterlauf in Kaufungen bei Kassel teilnahm, hat sich für die Veranstaltung in Kaufungen der Begriff »hessisches São Paulo« eingebürgert.

Guten Rutsch!

Wer einen »guten Rutsch« oder in der Schweiz »rutsch guet übere« wünscht und dabei an das rutschende Hinübergleiten in das neue Jahr denkt, liegt von der Wortbedeutung her vermutlich falsch. Einer verbreiteten

These zufolge stammt dieses »Rutsch« vom hebräischen »Rosch« und bedeutet »Kopf« oder »Anfang«. Ein anderer Erklärungsansatz besteht in der übertragenen Bedeutung von »rutschen« als »reisen«, vor allem mit dem Schlitten, später auch mit der Eisenbahn – so ist es in einigen älteren Wörterbüchern noch zu finden, und unter anderem Goethe verwendete den Ausdruck in diesem Sinne.

Wie dem auch sei: Einen guten Rutsch zu wünschen, ist eine nette Geste, die man großzügig an seine Mitmenschen verteilen sollte. Daneben hat übrigens auch der Ausspruch »Prosit Neujahr« fremdsprachliche Hintergründe: »Prosit« ist lateinisch und heißt: »Es möge gelingen.«

Funkenflug und Trommelwirbel

Der Höhepunkt des Silvesterfestes ist heute sicherlich das Feuerwerk. Es hat eine alte Tradition, denn besonders in dieser einzigartigen Nacht des Jahreswechsels erschien es den Menschen wichtig, böse Geister mit viel Lärm zu vertreiben – immerhin gehört die Nacht des 31. Dezember auch zu den Rauhnächten (siehe Seite 172).

Früher kamen alle möglichen Gegenstände, die Krach machten, zum Einsatz: Rasseln, Töpfe, Glocken und vieles mehr. Später gab es Kanonenschüsse, und heute knallen die Raketen. Ein buntes Lichterglitzern am Himmel verheißt Gutes, bringt Helligkeit in die dunkle

Nacht und gibt wiederum den Träumern die Möglichkeit, Sternschnuppen ähnelnde, glückbringende Figuren zu erkennen.

In vielen Städten erklingen schon seit mehr als 1000 Jahren um punkt null Uhr für mehrere Minuten die Kirchenglocken und läuten im wahrsten Sinne des Wortes das neue Jahr ein. Oft ist dies auch heute noch ein besinnlicher Moment, bevor mit viel Krach Silvesterböller gezündet werden und Leuchtraketen den Himmel erhellen.

Ganz norddeutsch: Rummelpottlaufen

Ein uralter norddeutscher Brauch, der in einigen Gebieten Schleswig-Holsteins und vereinzelt auch in Hamburg und Niedersachsen noch gepflegt wird, ist das Rummelpottlaufen. Ursprünglich war der Rummelpott ein Topf, der mit einer getrockneten Schweinsblase überzogen wurde, in der wiederum ein Stück Schilfrohr steckte. Ganz und gar gruselige Geräusche brachten die Kinder mit diesem »Instrument« hervor, wenn sie am Nachmittag oder Abend des 31. Dezember von Haus zu Haus liefen und an dem Schilfrohr rieben.

Heute sind es meist andere Gefäße, zum Beispiel Keramiktöpfe mit Leder und einem Stock oder auch mit Plastiktüten überzogene Eimer, mit denen man ebenso gut Radau machen kann – wieder einmal, um den bösen Geistern zu vermitteln, dass sie unerwünscht sind. Die Rummelpottläufer singen verkleidet und bunt geschminkt den Bewohnern der Häuser ein Lied oder sagen ein Gedicht auf. Früher gab es dafür ein Stück Obst oder Nüsse, heute sind es Süßigkeiten und vielleicht auch einmal eine Münze. Wer nichts geben will, muss mit einem Spottlied oder auch einer kleinen Übeltat rechnen – und zum Beispiel sein ausgehängtes Gartentor selbst wieder in die Angeln heben.

Ein typisches Rummelpottgedicht

Rummel, rummel, rum,
de Rummelpott geht um.
Wi jagt dat Ooljahr ut de Döör,
dat nee Johr steiht al dorvör.
Rummel, rummel. Rum,
de Rummelpott geht um.

RECHTS: Da nehmen die bösen Geister Reißaus: Mit Licht- und Knalleffekten wird das neue Jahr begrüßt.

Rauhnächte

Etwas Mystisches und bisweilen auch ziemlich Unheimliches haftet den Rauhnächten an.
Seit Jahrtausenden ranken sich um die Tage zwischen der Wintersonnenwende und dem Dreikönigstag diverse Bräuche und Traditionen. Daran konnte auch die Umdeutung durch die Kirche in die
»zwölf heiligen Nächte« nichts Wesentliches ändern.

Irgendwie waren diese Tage einfach »übrig«: In vorgermanischer Zeit rechnete man in Mondjahren, die jeweils 354 Tage umfassten. Demgegenüber ergab das neue Kalendersystem ein Sonnenjahr mit 365 Tagen. Die übrig gebliebenen elf Tage und zwölf Nächte finden sich auch im heutigen Sprachgebrauch noch wieder, wenn von der Zeit »zwischen den Jahren« die Rede ist.

Zu den Rauhnächten zählen meist die Tage vom 25. Dezember bis zum 5. Januar. Je nach Lesart begannen sie mancherorts auch schon am 21. Dezember. Grundsätzlich schien an diesen Tagen vieles anders zu sein als im restlichen Jahresverlauf; Naturgesetze sollten außer Kraft gesetzt sein, die Grenze zwischen vertrauter Wirklichkeit und geheimnisvoller Magie schien sich aufzulösen. Das spärliche Tageslicht, das oft sehr raue Wetter und die eher arbeitsarme Zeit mit entsprechend viel Muße für das Erzählen düsterer Geschichten mögen jeweils ihren Teil dazu beigetragen haben, dass sich viel Mystik und dunkler Zauber über die Rauhnächte legte.

Worauf sich der Begriff »Rauhnacht« zurückführen lässt, ist nicht eindeutig zu belegen. Die Tatsache, dass Pelze noch immer als »Rauhware« oder »Rauchware« bezeichnet werden, stützt die Deutung, dass eine inhaltliche Verbindung zu Tierfellen besteht. Dazu passt, dass man in den Rauhnächten behaarte oder mit Fellen verkleidete Dämonen besonders fürchtete. Ebenso ist allerdings möglich, dass der Begriff auf das traditionelle Räuchern zurückgeht. Mit angezündetem Weihrauch ging man vor allem in der Alpenregion zur Zeit der Rauhnächte durch Haus und Ställe, um böse Geister zu vertreiben. Manchmal wurde und wird zusätzlich Weihwasser versprüht.

Ein Tag steht für einen Monat

Die zwölf Nächte, die auch als Innernächte oder Unternächte bezeichnet wurden, galten außerdem als Sinnbild für jeden Monat des kommenden Jahres und schufen die Grundlage für verschiedene Orakel. Entsprechend große Bedeutung wurde den Ereignissen und dem Wetter an jedem einzelnen Tag der Rauhnächte beigemessen.

Die Deutungen ließen natürlich Interpretationsspielraum, und es ist davon auszugehen, dass man es auch in früheren Zeiten beherrschte, die Prognosen möglichst positiv einzuordnen. Gleiches galt auch für die Träume, die in den Rauhnächten die Zukunft prophezeien sollten: Der Traum aus jeder der zwölf Nächte stand in engem Bezug zum entsprechenden Monat im nächsten Jahr.

Verbreitete Ängste

Wenn die Naturgesetze außer Kraft gesetzt werden, geht die Furcht um. Zum einen führte früher allein die lange Dunkelheit, der man vor dem Zeitalter der Elektrizität ausschließlich mit schwachem Feuerschein etwas entgegenzusetzen hatte, zu Ängsten vor Unheil. Die Grenzen zu anderen, unbekannten Welten schienen sich aufzulösen; so sollten beispielsweise die Tiere im Stall an manchen Rauhnächten um Mitternacht sprechen können. Hören durfte dies allerdings nur der Hausgeist, der sich eventuelle Beschwerden der Hoftiere über ihre

Jeder sonnige Tag hat Bedeutung

Diverse Orakel ranken sich um die Rauhnächte, und an jedem der zwölf Tage wurde dem Sonnenschein eine besondere Bedeutung im Hinblick auf den Verlauf des kommenden Jahres beigemessen – interessanterweise keineswegs nur im positiven Sinne, wo man doch eigentlich für jedes Licht an diesen dunklen Tagen dankbar war. So verhieß zwar ein klarer Tag am 26. Dezember ein glückliches neues Jahr und deutete Sonne am 30. Dezember eine gute Obsternte voraus, andererseits fürchtete man nach einem sonnigen 29. Dezember Fieberträume und nach gutem Wetter am 6. Januar vermehrt Zwist und Hader. Wahrscheinlich sollte man es so halten wie mit allen Orakeln: Über positive Weissagungen darf man sich freuen und negative nicht allzu ernst nehmen.

Behandlung anhörte und den Verursacher dann bestrafte. Hörte ein Mensch sprechende Tiere, drohte ihm dem Aberglauben zufolge der baldige Tod.

Silvester markiert die Mitte der Rauhnächte und sollte diejenige Nacht sein, in der das Geisterreich offen steht. Die Seelen Verstorbener tauchten dem Glauben zufolge ebenso auf wie Dämonen und Werwölfe, in die sich Menschen verwandelten, die einen Pakt mit dem Teufel geschlossen hatten. Kein Wunder, dass man mit Lärm und Getöse diese dunklen Gestalten verjagen wollte.

Perchtenläufe allerorten

Vor diesem Hintergrund sind auch die Perchtenläufe zu verstehen, die in den deutschen, österreichischen und schweizerischen Alpen eine besonders tief verwurzelte Tradition besitzen. An mehreren Abenden, meist aber

zum Abschluss der Rauhnächte, in der Nacht vom 5. Januar, laufen bis heute an vielen Orten die Perchten durch die Gassen und von Haus zu Haus. Die mit unheimlichen Verkleidungen und Masken ausgestatteten Figuren jagten mit ihrem finsteren Aussehen und mit viel Krach das Böse weit fort. Dieser Brauch ermöglichte es den Menschen, ihren Ängsten Ausdruck zu verleihen und offensiv damit umzugehen – verstecken galt nicht.

Auf die alpenländische Göttin Percht geht dieser Brauch vermutlich zurück, wobei diese nicht eindeutig als »gut« oder »böse« eingeordnet werden kann. Dementsprechend gibt es die leuchtenden, sanften Schönperchten, die tagsüber erscheinen und Glück und Segen bringen, und die oft in wahren Horden bei Nacht auftretenden, fratzenhaften Schiachperchten. Je nach Region haben sich diverse traditionelle Perchtengestalten entwickelt, die zum Teil nur in einer einzelnen Ortschaft beheimatet sind. Kunstvoll gestaltet sind oft die Masken, die nicht nur das Unheil verschrecken, sondern hinter denen der Träger auch selbst Schutz finden kann.

Glöckelnächte

Ein anderer Ausdruck für die Raunächte ist die Bezeichnung »Glöckelnächte«. Hier steht die Verwendung von Glocken, deren Klang ebenfalls böse Geister vertreiben und die guten Geister anlocken sollte, im Vordergrund. In besonders schöner Tradition wird dies noch mit dem Glöcklerlauf in der Steiermark gepflegt. Die Glöckler tragen weiße Kleidung, Glocken und vor allem riesige, kunstvoll aus bunten Papier gefertigte Kappen. Mit Kerzen werden die Glöcklerkappen von innen beleuchtet. In mehreren Gruppen laufen die Glöckler zu einem gemeinsamen Ziel, bilden einen großen Kreis und singen in tiefer Dunkelheit Krippenlieder.

LINKS: Konfrontation mit den Ängsten: Mit gruseligen Masken ziehen die Perchten von Haus zu Haus.
RECHTS: Mit Weihrauch werden in Haus und Stall böse Geister vertrieben.

Keine Wäsche aufhängen

Zum Brauchtum rund um die Rauhnächte gehörte zwingend, in dieser Zeit keine Wäsche – und vor allem keine weißen Laken – aufzuhängen. Andernfalls bestand die Gefahr, dass finstere Gestalten sie stehlen würden, um sie im Laufe des nächsten Jahres als Leichentuch für den Besitzer zu verwenden. Zudem musste im Haus strenge Ordnung herrschen; Frauen und Kinder sollten im Dunkeln das Haus nicht mehr allein verlassen. Es kam darauf an, die dunklen Götter nicht herauszufordern, sondern sich mit ihnen gut zu stellen, sie zu besänftigen und ihnen keinen Anlass für böse Taten zu geben.

Dennoch darf nicht der Eindruck entstehen, die Rauhnächte seien ausschließlich negativ behaftet gewesen. Es handelte sich schließlich um eine arbeitsfreie Zeit, in der man viel Zeit mit der Familie verbrachte und auch ausgiebig feierte.

Der Schweizer Bärzelistag

Ob Berchtoldstag, Bächtelistag oder Bärzelistag: Unter verschiedenen Namen ist der 2. Januar in den deutschsprachigen Teilen der Schweiz ein ganz besonderer Tag und bis heute vielerorts ein arbeitsfreier Feiertag. Auch wenn sich der Name nicht eindeutig auf die Percht zurückführen lässt, spielt doch das Perchten auch hier eine wichtige Rolle. So ziehen zum Beispiel in Hallwil im Kanton Aargau schaurige Maskenfiguren als sogenannte Bärzelibuben durch die Straßen.

Daneben ist der Bärzelistag aber auch einfach ein Tag, an dem das gesellige Beisammensein gepflegt wird. Man trifft sich ab dem Nachmittag in Gasthäusern und Kneipen zum »Bächteln«, das heißt, man genießt die nur an diesem Tag hergestellte Bächteliswurst und erfreut sich an einem bunten Unterhaltungsprogramm von Musik- und Comedygruppen.

Heilige Drei Könige

Aus der Weihnachtsgeschichte sind Kaspar, Melchior und Balthasar hinlänglich bekannt.
Die drei Weisen aus dem Morgenland folgten dem Stern und fanden Jesus. Die drei Männer und
ihr Gedenktag am 6. Januar sind im Brauchtum mit verschiedenen Traditionen fest verwurzelt.
Neben den klassischen Sternsingern gibt es dabei noch vieles zu entdecken.

Sie sind etwas ganz Besonderes, die Heiligen Drei Könige. In früheren Weihnachtsaufführungen waren die Kinder sehr beeindruckt von den fremd aussehenden Männern, die dem kleinen Jesuskind so kostbare Geschenke machen. Aber noch etwas anderes fasziniert an der Geschichte, denn diese Männer waren Heiden. Erst später wurden sie zu Heiligen ernannt. Sie huldigten Jesus, der von seinem eigenen Volk verstoßen werden sollte.

Sternsinger

Noch heute ziehen die Heiligen Drei Könige als Sternsinger von Haus zu Haus, um die Häuser und die Bewohner zu segnen. Mit Kreide schreiben die Kinder auf den Haustürrahmen die jeweilige Jahreszahl und die Anfangsbuchstaben des Segensspruches »Christus mansionem benedicat« (Christus segne die Wohnung). Bei der Haussegnung wird brennender Weihrauch in den Häusern verteilt. Der Rauch steht symbolisch für das Gebet, das zu Gott emporsteigen soll.

Wie so oft waren die christlichen Bräuche in früheren Zeiten mit allerlei Aberglaube gemischt. Der Rauch sollte auch vor Dämonen, Verhexung und schlechtem Wetter schützen. Zur Dämonenabwehr gab man dem Weihrauch vorsorglich noch etwas Raute oder Wacholder bei.

♦ Selbermach-Idee ♦
Pappkrone

Kronen, wie Sie die Heiligen Drei Könige trugen, können Sie mit Ihren Kindern ganz leicht selbst machen. Dafür brauchen Sie stabilen goldfarbenen Karton (70 x 12 cm), Büroklammern, Lineal, Schere, Kleber und Perlen zum Verzieren.

In den Karton Zacken schneiden, sodass die Kronenform entsteht. Den Karton an den Enden zusammenkleben und die Krone mit Perlen oder Ähnlichem verzieren.

Viele Schutzfunktionen

Als Schutzheilige waren Kaspar, Melchior und Balthasar unabkömmlich und noch im 18. Jahrhundert wurden Drei-Königs-Bannsprüche gegen Seuchen, Feuer und Unfälle ausgesprochen.

Kuchen, der Glück bringt

In einigen ländlichen Regionen gibt es heute noch den Brauch, am Dreikönigstag ein Metallstück oder eine Bohne in einen Kuchen einzubacken. Wer beim Essen die Bohne oder das Metallstück im Kuchen findet, wird im nächsten Jahr viel Glück haben.

♦ Rezept-Idee ♦
Dreikönigskuchen

Zutaten
20 g Hefe ¦ 250 ml Milch ¦ 100 g weiche Butter ¦ 500 g Mehl ¦ ½ TL Salz ¦ 100 g Zucker ¦ Abgeriebene Zitronenschale ¦ 1 Ei ¦ 80 g Zitronat ¦ 80 g Rosinen ¦ 50 g grob gehackte Mandeln ¦ 1 Bohne ¦ 1 Eigelb ¦ 50 g flüssige Butter

Die Hefe mit lauwarmer Milch verrühren und einige Minuten stehen lassen, bis sie sich aufgelöst hat. Dann die Butter hinzugeben. Mit Mehl, Salz, Zucker, Zitronenschale und Ei zu einem Hefeteig kneten und zugedeckt an einem warmen Ort ruhen lassen. Zitronat, Rosinen und Mandeln unterkneten und wieder gehen lassen.

Aus dem Teig neun Kugeln formen und nebeneinander in eine Springform setzen. In einer Kugel eine Bohne verstecken. Den Teig noch einmal gehen lassen. Anschließend für 30 Minuten in den Kühlschrank stellen.

Den Teig mit Eigelb bestreichen und bei 200 Grad 40 Minuten goldgelb backen. Aus der Form nehmen und noch heiß mit flüssiger Butter bestreichen.

Lichtmess

Am 40. Tag nach Weihnachten, am 2. Februar, wird in der katholischen Kirche Mariä Lichtmess gefeiert. Doch nicht nur wegen seines kirchlichen Hintergrunds besaß dieser Tag schon früher große Bedeutung; auch im Jahresrhythmus der Bauern war Lichtmess als Lostag für das Wetter sowie als Beginn des neuen Bauernjahres außerordentlich wichtig.

Der Dreikönigstag am 6. Januar ist für viele Menschen der Stichtag zum Wegräumen der Weihnachtsdekoration und zum Abschmücken des Christbaums. Doch gerade in den katholisch geprägten Haushalten gibt es für diese Aufgaben einen anderen, deutlich späteren Termin: Bis Mariä Lichtmess, also bis zum 2. Februar, bleiben in vielen Wohnstuben die Krippe und der Weihnachtsschmuck stehen. Erst dann geht endgültig die Weihnachtszeit zu Ende und die Fastnachtszeit beginnt, was bisweilen mit einem Lichtergottesdienst gefeiert wird.

Den Brauch der Lichterprozession gibt es beinahe so lang wie das kirchliche Fest selbst. Man feiert die Darstellung des Herrn, und so, wie in der Antike die Bewohner einer Stadt ihrem Herrscher bei seinen Besuchen entgegengingen, so gehen die Menschen sinnbildlich bis heute Christus entgegen und beleuchten seinen Weg mit dem Licht ihrer Kerzen. Besonders für Menschen, die Hoffnung suchen, ist der Lichtergottesdienst ein bedeutsames Erlebnis, das ihnen Mut und neue Kraft geben kann.

Kerzensegnung

In vielen katholischen Kirchen werden an Lichtmess noch immer Kerzen geweiht. Sowohl die in der Kirche selbst benötigten Kerzen als auch die von den Gemeindemitgliedern mitgebrachten Kerzen, die man über den Winter zu Hause gefertigt hat, werden gesegnet. Diese Kerzen sollen Unheil abwenden und wurden deshalb insbesondere bei einem Unwetter oder bei schwerer Krankheit angezündet sowie dann, wenn ein Familienmitglied im Sterben lag. Generell brachten die Kerzen – mancherorts weiße für die Männer und rote für die Frauen – Licht ins Haus; sinnbildlich war Christus damit beim gemeinsamen Gebet anwesend. Bisweilen ist der Brauch verbreitet, besonders lange Kerzenstöcke in der Kirche zu weihen und diese dann zu Hause für die einzelnen Bewohner zu zerschneiden.

RECHTS: Sehnsüchtig erwarten die Menschen am Ende des Winters die Rückkehr des Lichts.

Auch im ländlichen Brauchtum haben Kerzen an Mariä Lichtmess eine besondere Bedeutung. Ihre Flammen sollten an diesem Tag nicht nur symbolisch die hellere Jahreszeit einläuten, sondern auch böse Kräfte abwehren. Auch für die Toten wurde zum Gedenken eine Kerze angezündet – entweder zu Hause oder aber in Form einer Fackel an der Grabstätte auf dem Friedhof.

♦ Selbermach-Idee ♦
Kerzen selbst ziehen

Lichtmess bietet einen schönen Anlass, Kerzen selbst herzustellen; auch kleineren Kindern gelingen unter Anleitung schöne Kunstwerke. Vorsicht: Bei der Arbeit mit dem heißen Wachs die Kinder nie unbeaufsichtigt lassen!

Zum Kerzenziehen eignen sich am besten Paraffin-flocken aus dem Bastelladen, da sie im Gegensatz zu alten Kerzenresten frei von Dochtrückständen sind und sich außerdem mit entsprechenden Wachsfarben ganz nach Wunsch einfärben lassen. Auch der Docht ist im Fachhandel erhältlich. Den Arbeitsbereich gut mit altem Papier, zum Beispiel Zeitungen, abdecken und alte Kleidung tragen, auf der eventuelle Wachsflecken nicht schlimm sind.

Die Wachsflocken in ein hohes Gefäß füllen und im Wasserbad vorsichtig auf circa 70 Grad erhitzen. Die Temperatur ist richtig, wenn das Wachs flüssig ist und keine Haut mehr bildet.

Ein genügend langes Stück Docht abschneiden, sodass die Kerze am oberen Dochtende noch gut gehalten werden kann. Den Docht in das flüssige Wachs tauchen und langsam wieder herausziehen. Das Wachs trocknen lassen, dann wieder in das Wachsbad tauchen. Den Vorgang so oft wiederholen, bis die Kerze die gewünschte Dicke erreicht hat.

Bauernregeln zu Lichtmess

Ist's an Lichtmess hell und rein,
wird ein langer Winter sein.
Wenn es aber stürmt und schneit,
ist der Frühling nicht mehr weit.

Wenn die Kerze ganz getrocknet ist, wird sie unten gerade abgeschnitten oder gegebenenfalls so angeschnitten, dass sie gut in den gewünschten Kerzenständer passt. Der obere Docht wird auf die passende Länge zum Anzünden eingekürzt.

Das Licht kehrt zurück

Sehnsüchtig erwartet man auf dem Land die Rückkehr des Tageslichts und das Ende der Winterzeit. Auch wenn im Februar die Äcker oft noch tief verschneit sind: Es ist nicht zu leugnen, dass die Sonne wieder mehr Kraft gewinnt, und in günstigen Jahren und an geschützten Standorten kann man vielleicht sogar schon erste Vorboten des Frühlings wie Winterlinge oder Schneeglöckchen sehen. Einem alten Spruch zufolge ist die Zeit mit Tageslicht zu Lichtmess gegenüber der Wintersonnenwende (21. Dezember) »an Weihnachten um einen Hahnentritt, an Neujahr um einen Männerschritt, an Dreikönig um einen Hirschensprung und an Lichtmess um eine ganze Stund'« länger.

Der 2. Februar kennzeichnete deshalb den Beginn des neuen Bauernjahres, wobei bis zu diesem Termin noch die Hälfte des winterlichen Futtervorrats für das Vieh in der Scheune sein sollte. Für die Knechte und Mägde war Lichtmess ein besonders wichtiger Tag: Ihr Dienstjahr endete. Der restliche Lohn wurde ausbezahlt, und wer wollte oder musste, suchte sich eine neue Arbeitsstelle und musste sich beeilen, bis zum 5. Februar umgezogen und wieder einsatzbereit zu sein. Wer blieb, verlängerte seinen Arbeitsvertrag mit dem Dienstherrn per Handschlag und genoss drei freie Tage, die sogenannten Schlenkeltage, und damit den einzigen Urlaub des Jahres.

Ein Relikt aus dieser Zeit ist der alljährlich am Sonnabend nach Lichtmess im oberösterreichischen Wels stattfindende Glanglmarkt. »Glangln« ist das österreichische Wort für »umziehen«. Auf diesem Markt trennte man sich früher von Hühnern, Stallhasen oder Tauben, die man nicht zum neuen Dienstboten mitnehmen konnte. Heute ist der Glanglmarkt der größte Kleintiermarkt Österreichs.

♦ Rezept-Idee ♦
Kreppchen

Das Festgebäck zu Lichtmess heißt im Rheinland »Kreppchen« – die lautmalerische Verwandtschaft zum französischen »Crêpes« ist unverkennbar. Das Besondere: Die hauchdünnen Pfannkuchen sollen mit einem gekonnten Schwung aus dem Arm in der Pfanne ohne weitere Hilfsmittel gewendet werden. Wem dies gelingt, der kann sich ein ganzes Jahr über Glück und Wohlstand freuen. In Frankreich ist dieser Brauch noch sehr verbreitet, wobei hier zusätzlich wichtig ist, dass in der anderen Hand gleichzeitig ein Geldstück gehalten wird.

Möglicherweise ist die Tradition des Kreppchenbackens auf Farbe und Form des Gebäcks zurückzuführen, die an die Sonne erinnern. Auf jeden Fall gehörten die Kreppchen jahrhundertelang zu den unverzichtbaren Speisen an Lichtmess, da sie dem Aberglauben zufolge eine gute Ernte im kommenden Jahr sicherstellen sollten.

Zutaten für circa zwölf Kreppchen
5 Eier ¦ 200 ml Milch ¦ 50 g geschmolzene Butter ¦
1 Prise Salz ¦ 250 g Mehl ¦ 1 Prise Backpulver oder
1 Esslöffel Mineralwasser mit Kohlensäure ¦
Butter oder Bratöl zum Ausbacken

Die Eier mit der Milch gründlich verquirlen. Die flüssige Butter und das Salz zufügen und unterrühren. Das Mehl über die Mischung sieben und zusammen mit dem Backpulver oder dem Mineralwasser zügig verrühren. Den Teig mindestens 30 Minuten zugedeckt im Kühlschrank quellen lassen.

Eine beschichtete Pfanne mit Butter oder Bratöl erhitzen. Mit einem Schöpflöffel nur so wenig Teig in die heiße Pfanne geben, dass er sich durch Schwenken der Pfanne dünn auf dem Pfannenboden verteilen lässt. Sobald sich die Ränder lösen, die Crêpe in der Luft oder mithilfe eines Pfannenwenders wenden und hellbraun fertigbacken. Auf diese Weise alle Kreppchen nacheinander backen.

Mit Zucker und Zimt, Apfelmus oder auch mit herzhaften Zutaten wie geräuchertem Lachs und Frischkäse genießen.

UNTEN: Kreppchen schmecken nicht nur in der süßen Variante, sondern auch herzhaft, zum Beispiel mit Lachs.

Biikebrennen

Trotz oft noch eisiger Temperaturen ging es im Mittelalter am 22. Februar für die friesischen Walfänger wieder hinaus aufs Meer. Mit den hellen Flammen des Biikefeuers am Strand wurden am Vorabend die holländischen Schiffe begrüßt, die zum Abholen der Friesen in die Häfen kamen. Auch sollen die Feuer von den Frauen zur Verabschiedung ihrer Männer angezündet worden sein.

»Biike« ist das friesische Wort für Bake, also Feuerzeichen. Insbesondere auf den nordfriesischen Inseln und Halligen und entlang der Nordseeküste wird seit vielen Jahrhunderten das Biikebrennen gefeiert. Aus den ehemals kleinen Scheiterhaufen – Feuerholz war an der Küste rar und kostbar – haben sich heute stattliche Feuerberge entwickelt. Vielerorts werden die Weihnachtsbäume bis zum Biikebrennen aufbewahrt; das trockene Nadelholz brennt knisternd und mit tanzenden Funken.

Wahrscheinlich gab es ursprünglich mehrere Gründe für die Biike: Wotan, der Göttervater in der nordischen Mythologie, wurde angefleht, böse Wintergeister zu vertreiben; zudem hoffte man, mit den Flammen einen baldigen Frühjahrsbeginn heraufbeschwören zu können. Vor allem aber markierten die Feuer den Beginn der Walfangsaison, den die Hansestädte 1403 festgelegt hatten. Demnach sollte die Schifffahrt ab Martini, dem 11. November, bis Ende Februar ruhen. Der 22. Februar, der Petritag, beendete die Winterpause für die Seeleute. Für viele Friesen sind das Biikebrennen und der sich anschließende Petritag die wichtigsten Feiertage im Jahr und intensiver Ausdruck ihres Heimatgefühls.

♦ Rezept-Idee ♦
Grünkohl klassisch

Zutaten für 6 Personen
3 kg frischer Grünkohl ¦ 1 geräucherte Schweinebacke ¦ 50 g Schweineschmalz ¦ 2 gehackte Zwiebeln ¦ Salz ¦ 750 g Kasseler in Scheiben ¦ 6 Kochwürste ¦ 1 kg kleine festkochende Kartoffeln ¦ 30 g Butterschmalz ¦ 2 EL Zucker ¦ Pfeffer ¦ Muskatnuss ¦ Senf

Die Kohlblätter von den dicken Blattrippen abtrennen, gründlich waschen, hacken und einige Minuten blanchie-

RECHTS: Das klassische Wintergericht Grünkohl wird in Norddeutschland oft nach dem Biikebrennen genossen.

ren. In Eiswasser tauchen und abtropfen lassen. Die Schweinebacke in einen Topf legen, mit Wasser bedecken und 30 Minuten kochen. Das Schmalz in einem großen Topf erhitzen, die Zwiebeln darin anschmoren. Grünkohl zufügen und leicht mit anschmoren. Dann die Schweinebacke mit der Flüssigkeit und etwas Salz zum Kohl geben und alles 90 Minuten im geschlossenen Topf köcheln lassen. Die Kasselerscheiben und die Kochwürste mit in den Topf geben und alles nochmals 45 Minuten köcheln lassen.

In der Zwischenzeit die Kartoffeln gar kochen und noch heiß pellen. Das Butterschmalz in einer Pfanne erhitzen. Die Kartoffeln in die Pfanne geben, den Zucker überstreuen und die Kartoffeln goldbraun karamellisieren.

Das Fleisch in Stücke schneiden, mit den Würsten auf einer Platte anrichten. Den Kohl mit Salz, Pfeffer, Muskatnuss und Senf abschmecken und mit dem Fleisch und den Kartoffeln servieren. Senf dazu reichen.

Fastnacht

Fasching, Fastnacht, Karneval – die närrischen Tage sind mit einem bunten Treiben verbunden.
Die Ursprünge dafür reichen weit bis in vorchristliche Zeiten und das Mittelalter zurück.
Es gibt zahlreiche Fastnachtsbräuche, die auch heute gepflegt werden. Bekannt und beliebt sind die
Faschingskrapfen, die schon vor vielen Jahrhunderten am Schmalzsamstag gebacken wurden.

Am 11.11. beginnt die Faschingszeit, am Gedenktag des heiligen Martin. Und das hat seinen Grund, denn vor der beginnenden Fastenzeit vor Weihnachten wurde in früherer Zeit noch einmal richtig gefeiert und geschmaust. Die eigentlichen Fastnachtstage dauern allerdings nur sechs Tage, nämlich vom Donnerstag vor dem Faschingssonntag bis zum Dienstag. Das war auch im Mittelalter so.

Das Wort »Karneval« deutet schon auf die eigentliche Bedeutung der tollen Tage hin. Lateinisch »carne vale« bedeutet »Fleisch lebe wohl« und heißt nichts anderes, als dass ab Aschermittwoch bis Karfreitag kein Fleisch mehr gegessen werden darf.

Schmalzsamstag

Um vor der Fastenzeit noch einmal richtig und ausgiebig essen zu können, wurde an den verschiedenen Faschingstagen kräftig gekocht und gebacken. Möglicherweise wurden auch vor den entbehrungsreichen Fastentagen noch einmal alle Vorräte verbraucht. Aus diesem Brauchtum heraus entwickelten sich die fröhlichen Feste. Der Donnerstag war als fetter Donnerstag bekannt, an dem traditionell ein Schlachtfest gehalten wurde. Und am Samstag, dem Schmalzsamstag, backte man Schmalzgebäck.

♦ Rezept-Idee ♦
Faschingskrapfen

Zutaten
15 g Hefe ¦ 200 ml Milch ¦ ½ TL Salz ¦
120 g Butter ¦ 2 EL Zucker ¦ 1 Ei ¦ 2 Eigelb ¦ 500 g Mehl ¦
1 Päckchen Vanillezucker ¦ 2 EL Rum ¦ 1 EL Essig ¦
Butterschmalz zum Ausbacken ¦ Marmelade zum Füllen

RECHTS: Partytröten, Luftschlangen und Konfetti – an Fasching geht es traditionell kunterbunt zu.

Die Hefe mit etwas Milch verrühren. Dann das Salz hinzufügen, gut verrühren und etwa eine Stunde stehen lassen. Die Butter mit dem Zucker cremig rühren. Ei und Eigelb nach und nach einrühren. Das Mehl dazusieben, die Hefemischung, die übrigen Zutaten und die restliche Milch zugeben und verkneten. Gut zugedeckt zwei Stunden gehen lassen, bis sich das Volumen des Teiges verdoppelt hat.

Auf einer bemehlten Arbeitsfläche aus dem Teig etwa 20 glatte Kugeln formen. Abgedeckt nochmals ruhen lassen. Dann die Abdeckung abnehmen und weitere 30 Minuten gehen lassen, damit sich ein feines Häutchen bildet. In der Zwischenzeit das Fett in einem großen Topf auf 165 bis 170 Grad erhitzen. Die Krapfen mit der Oberseite nach unten vorsichtig ins Fett gleiten lassen und den Topf zudecken. Etwa 1½ Minuten backen. Wenn der Krapfen goldbraun ist, umdrehen und weitere 1½ Minuten backen, dann nochmals umdrehen und 30 Sekunden die Oberseite backen. Sind alle Krapfen fertig, werden sie mit einer speziellen Tülle mit Marmelade gefüllt.

Vom Schellenrühren und von Perchten

Heidnischen Ursprungs sind alte Fastnachtsbräuche sehr oft, wenn sie in Verbindung mit dem Winteraustreiben gebracht werden. In einigen bayerischen Gemeinden wird der Winter mit Schellen und Rasseln ausgetrieben. Das ist eine jahrhundertalte Tradition, die im bayerischen Fasching als »Schellenrühren« bekannt ist. Mit großen Kuhglocken auf dem Rücken, Holzmasken, Lederhose und einem weißen Hemd geht das Winterverjagen unter großem Lärm vonstatten und macht nicht nur den Beteiligten, sondern auch den Zuschauern großen Spaß.

Auch in Österreich hat sich das Brauchtum vom Winteraustreiben und Fasching gemischt und die aus dem Januar bekannten Perchten tauchen in den Faschingsumzügen auf.

Schwäbisch-alemannische Fasnet

Im südwestdeutschen Raum und in der Nordschweiz hat sich mit der Fasnet ein besonderes Brauchtum entwickelt, das sich von anderen Faschingsbräuchen vor allem durch die charakteristischen Masken der Narren unterscheidet. Der Mummenschanz, so werden die verkleideten Menschen genannt, und die Guggenmusik sind wahre Publikumsmagneten beim Narrensprung, dem Fasnet-Umzug. Im alemannischen Sprachraum bezeichnet man die Masken als »Larven« oder auch »Schemmen«. Sie sind aus ganz verschiedenen Materialien wie Holz oder Stoff, und im Gegensatz zu der bekannten Faschingsgepflogenheit, sich jedes Jahr eine neue Verkleidung auszusuchen, werden die Masken alljährlich aufs Neue getragen und von Generation zu Generation weitergereicht. Teufel, wilde Leute, Hexen, Narren und andere Figuren verkörpern die »Hästräger«, die Verkleideten.

◆ Selbermach-Idee ◆
Selbst gemachte Schminke

Bemalen und Verkleiden, in eine andere Identität schlüpfen, das macht am Fasching viel Spaß. Damit die Haut von der Schminke nicht allzu sehr angegriffen wird, können Sie die Farben auch selbst herstellen.

Dafür brauchen Sie einen Esslöffel Babypuder oder Talkpuder, einen Esslöffel Hautcreme und Lebensmittelfarbe. Puder und Creme miteinander vermischen, sodass eine glatte Masse ohne Klümpchen entsteht.

LINKS: Die alemannische Fastnacht ist besonders durch die ausdrucksstarken Masken bekannt.
RECHTS: An Fasching dürfen Kinder (und Erwachsene) in eine andere Gestalt »schlüpfen«.

Nun muss lediglich die gewünschte Farbe zugegeben werden. Hier müssen Sie etwas experimentieren, um die richtige Farbintensität zu erreichen. Mit einem feuchten Waschlappen kann die Farbe einfach wieder entfernt werden.

Es hat sich bewährt, zur Herstellung einen halben gestrichenen Teelöffel der Creme in ein Töpfchen zu füllen, einige Spritzer Lebensmittelfarbe hinzuzugeben und die Mischung einige Sekunden in der Mikrowelle zu erhitzen. Anschließend muss die Farbe intensiv einige Minuten in die Creme eingerührt werden, damit sie sich gleichmäßig verteilt.

Aschermittwoch

Nach den närrischen Tagen ist am Aschermittwoch dann tatsächlich alles vorbei. Gläubige Katholiken gehen in den Gottesdienst und nehmen das Aschenkreuz entgegen, das ihnen auf die Stirn gezeichnet wird. Es ist das Symbol der Buße und Reinigung. Die verwendete Asche stammt von den verbrannten Palmen- oder Buchsbaumzweigen, die am vorjährigen Palmsonntag gesegnet wurden.

Der Aschermittwoch ist wie der Karfreitag ein strenger Fasttag. Und da an diesem Tag ganz auf Fleisch verzichtet werden sollte, gibt es in einigen ländlichen Gemeinden das traditionelle Heringsessen.

Valentinstag

Böse Zungen behaupten, der Valentinstag sei eine Erfindung der Floristen und Süßwaren-industrie, um in der Zeit zwischen Weihnachten und Ostern Geld in die Kassen des Einzelhandels zu spülen. Doch damit tut man dem eigentlich schönen Hintergedanken, der zur besonderen Bedeutung des 14. Februar geführt hat, unrecht.

Für alle, die allzu leicht vergessen, ihrem oder ihrer Liebsten einfach mal zwischendurch ihre Zuneigung in besonderer Form kundzutun, bietet der 14. Februar die passende Gelegenheit. Als Tag der Liebenden ist der Valentinstag fest etabliert. Was hierzulande erst seit wenigen Jahrzehnten wieder gilt, hat in vielen anderen Ländern, allen voran in Frankreich und England, eine mehrere hundert Jahre alte und lückenlose Tradition, die im wahrsten Sinne des Wortes liebevoll gepflegt wird, auch wenn sie vielleicht mehr als andere Bräuche dem Kommerz unterliegt.

Die Namensgeber

Gleich auf zwei oder sogar drei Märtyrer mit dem Namen Valentinus geht verschiedenen Überlieferungen zufolge der Brauch zurück, sich am Valentinstag gegenseitig der Liebe zu vergewissern und dies durch kleine oder auch größere Geschenke zu untermauern. Am wahrscheinlichsten ist die Verbindung zu Bischof Valentin von Terni, der im dritten Jahrhundert nach Christus in Italien lebte. Er soll sich bei seinen Trauungen über das Verbot des römischen Kaisers Claudius hinweggesetzt und heimlich auch Soldaten getraut haben, die eigentlich zum Dienst in der Armee unverheiratet bleiben mussten. Zudem schenkte der Bischof mit dem grünen Daumen und einem Herz für Verliebte den glücklichen Paaren Blumen aus seinem Garten. Die von ihm geschlossenen Ehen sollen unter einem besonders guten Stern gestanden haben. Nichtsdestoweniger erwartete ihn ein tragisches Ende: Am 14. Februar im Jahr 269 wurde er enthauptet.

Obwohl Valentin in den 1960er-Jahren durch das Zweite Vatikanische Konzil aus dem Heiligenkanon gestrichen wurde, hat sich auch in einigen Kirchen die Tradition erhalten, um den Valentinstag Gottesdienste auszurichten, in denen besonders die Segnung von Ehepaaren im Vordergrund steht.

RECHTS: Hauptsache Herz: Das Symbol der Liebe hat am Valentinstag Hochkonjunktur.

Liebesbeweise und Liebesorakel

Nach Deutschland kam der Brauch, den Frauen am Valentinstag Blumen – klassisch einen üppigen Strauß Rosen – zu schenken, mit den Wirtschaftswunderjahren nach dem Zweiten Weltkrieg. Die Briten brachten noch weitere Traditionen mit. So ist es in England üblich, dass ein Mann sich am Valentinstag auch mit Gedichten und Liedern darum bemüht, seiner Frau zu gefallen. Für noch Ungebundene sollte die erste Begegnung am Morgen des 14. Februar darüber entscheiden, wer die künftige Herzensdame sein würde. Da war es ratsam, möglichst früh mit einem Blumenstrauß die Blicke der Angebeteten auf sich zu ziehen.

So manches Hochzeitsorakel etablierte sich bereits am Vorabend des Valentinstags. Ob aber die jungen Mädchen wirklich in der folgenden Nacht vom Mann ihres Lebens träumten, wenn sie zuvor hart gekochte Eier gegessen hatten? Dies herauszufinden ist ja vielleicht auch heute noch einen Versuch wert …

Weiterführende Literatur

Mehr zu Bräuchen und Festen:

Fischer, Anke: *Feste und Bräuche in Deutschland.* Edition XXL, Fränkisch-Crumbach 2004

Folkerts, Helge: *Symbol-Gebäck: für Körper, Geist und Seele im Rad des Jahres.* Arun-Verlag, Uhlstädt-Kirchhasel 2000

Friedl, Inge: *So war's der Brauch: Vom reichen Schatz an Bräuchen und Ritualen.* Styria Regional Verlag, Graz 2012

Griebert-Schröder, Vera und Franziska Muri: *Vom Zauber der Rauhnächte: Weissagungen, Rituale und Bräuche für die Zeit zwischen den Jahren.* Irisiana, München 2012

Hoffmann-Mähr, Isabella: *Alte Bräuche neu erlebt. Wie sie unseren Alltag bereichern.* avBuch Verlag, Wien 2006

Moser, Dietz-Rüdiger: *Bräuche und Feste durch das ganze Jahr.* Herder Verlag, Freiburg 2002

Woll, Johanna, Merzenich, Margret und Theo Götz: *Feste und Bräuche im Jahreslauf.* Ulmer Verlag, Stuttgart 2001

Mehr zum Selbermachen:

Erhorn, Hanna: *Das Osterdeko-Buch. Selbstgemachtes aus Federn und Eiern.* BLV Buchverlag, München 2013

Graumann, Katja: *Das Weihnachtsdeko-Buch. Winterzauber für Haus & Garten selbst gemacht.* BLV Buchverlag, München 2013

Wagenstaller, Annelie: *Plätzchen-Zeit! Geheimrezepte aus der Weihnachtsbackstube von Müllermeisterin Annelie Wagenstaller.* BLV Buchverlag, München 2013

Bildnachweis

Alekss – Fotolia.com: 178
Alexander Hoffmann – Fotolia.com: 159
Alexandr Ozerov – Fotolia.com: 136
André Hammon – Fotolia.com: 182
Bäckerei Brunner & Altstadt Atelier Argauer Weiden: 106
Barbara Pheby – Fotolia.com: 91
Bauer Alex – Fotolia.com: 99
BeTa-Artworks – Fotolia.com: 111, 184, 185
BMJ – shutterstock.com: 52
Cherry-Merry – Fotolia.com: 187
Christian Jung – Fotolia.com: 88
contrastwerkstatt – Fotolia.com: 36
Corinna Gissemann – Fotolia.com: 53
Cultura/Christoffer Askman/getty images: 137
DOC RABE Media – Fotolia.com: 109
E. Schittenhelm – Fotolia.com: 10
elen_studio – Fotolia.com: 40
esinel_888 – Fotolia.com: 171
Flora Press/Bine Brändle: 128, 140
Flora Press/Daniela Kunze: 18
Flora Press/Helga Noack: 7, 22, 38
fpdress – Fotolia.com: 142
ganzoben – Fotolia.com: 34
Gorilla – Fotolia.com: 56
Hakan Hjort/getty images: 151
HappyAlex – Fotolia.com: 108
Helena Inkeri/getty images: 17
Helena Wahlman/getty images: 118
Herrmann: 46
holbox – shutterstock.com: 8
Igor Mitjakin – Fotolia.com: 51
Ina Schoenrock – Fotolia.com: 147
Inc – shutterstock.com: 77
Ingo Bartussek – Fotolia.com: 143

ingwio – Fotolia.com: 28
Jackin – Fotolia.com: 150
Janina Laslo/STOCK4B/getty images: 176
jekyma – Fotolia.com: 26
Johanna Mühlbauer – Fotolia.com: 118
John Burke/getty images: 42
John W Banagan/getty images: 83
Kzenon – Fotolia.com: 1
lanklatum – Fotolia.com: 96
linkova – Fotolia.com: 11
mallivan – Fotolia.com: 181
manifeesto – Fotolia.com: 90
Manuel Wächter – Fotolia.com: 110
Marianne Mayer – Fotolia.com: 154
MarkusBeck – Fotolia.com: 112
mauritius images/beyond fotomedia: 29
mauritius images/UpperCut: 2/3
mauritius images/age: 123
mauritius images/Bernd Römmelt: 49
mauritius images/Brigitte Protzel: 32
mauritius images/Chris Seba: 31
mauritius images/foodcollection: 162
mauritius images/ib/Alfred Schauhuber: 174
mauritius images/ib/Bernd Pfeifer: 116
mauritius images/ib/Bernhard Kreutzer: 122
mauritius images/ib/Dr. Wilfried Bahnmüller: 76, 131
mauritius images/ib/Heiner Heine: 55
mauritius images/ib/Heinz Kühbauch: 68
mauritius images/ib/Jens Schmitz: 127
mauritius images/ib/Markus Keller: 186
mauritius images/ib/Martin Moxter: 48
mauritius images/ib/Martin Siepmann: 54, 72, 114u
mauritius images/ib/Sven Scholz: 80

mauritius images/Manuela Balck: 102
mauritius images/Peter Enzinger: 165
mauritius images/Photononstop: 179
mauritius images/Phovoir: 46
mauritius images/Simone Fichtl: 168
mauritius images/Spirit: 23
mauritius images/Steffen Beuthan: 30
mauritius images/STOCK4B: 71
mauritius images/Tetra Images: 169
mauritius images/Westend61: 113
mauritius images/Wolfgang Filser: 69, 70, 74, 120
MNStudio – shutterstock.com: 63
Munich_01 – Fotolia.com: 58
natashamam – shutterstock.com: 50
Naturmystik – Fotolia.com: 172
Peter von Felbert/getty images: 33
peteri – Fotolia.com: 45
PhotoSG – Fotolia.com: 188
Printemps – Fotolia.com: 189
Rafal Olechowski – Fotolia.com: 44
Ramona Heim – Fotolia.com: 12
Redchanka – shutterstock.com: 96
Reiner Wellmann – Fotolia.com: 84
Renaters – Fotolia.com: 138
RICO – Fotolia.com: 9
Sandra Thiele – Fotolia.com: 144
Sarka Babicka/getty images: 86
Sax: 152
sebastian-julian/getty images: 100
SG- design – Fotolia.com: 155, 158
Stefan Körber – Fotolia.com: 14
STOCK4B Creative/getty images: 98
Stockbyte/getty images: 67
StockFood/Castilho, Rua: 24, 125
StockFood/Cimbal, Walter: 183
StockFood/Deimling-Ostrinsky, Achim: 124

StockFood/Eckhardt/Diop: 103, 117
StockFood/Eising Studio – Food Photo & Video: 97, 105, 132
StockFood/Ellert, Luzia: 166
StockFood/Feiler Fotodesign: 101
StockFood/Heinze, Winfried: 64
StockFood/Hrbková, Alena: 60
StockFood/Jacqui Blanchard Photography: 130
StockFood/Johnér royalty-free: 149
StockFood/Krieg, Roland: 61
StockFood/Nilsson, Pepe: 74
StockFood/Richardson, Alan: 37
StockFood/Sporrer/Skowronek: 20
StockFood/Thelma & Louise: 16
StockFood/Worytko, Pawel: 104
StockFood/Zabert Sandmann Verlag/Liebenstein, Jana: 167
StockPixstore – Fotolia.com: 157
Strauß: 41, 79, 93, 115
takasu – shutterstock.com: 62
Tom Merton/gettty images: 161
unpict – Fotolia.com: 175
V. J. Matthew – Shutterstock.com: 92
VRD – Fotolia.com: 82
wikimedia.org: 87, 121
World Images – Fotolia.com: 141
Yamada Taro/getty images: 134
yellowj – Fotolia.com: 164

Grafiken:
Alexkava – Fotolia.com: 43, 89
CSA Images/Archive/getty images: 135
naddya – Fotolia.com: 13

Über die Autorinnen

Anneke Fröhlich schloss ihr Studium der Sprachwissenschaften und Literatur mit dem Magistergrad ab, arbeitete einige Jahre als Zeitschriftenredakteurin und ist seit 2002 als freiberufliche Journalistin, Texterin und Sachbuchlektorin tätig. Zu ihren Themenschwerpunkten gehören Gesundheit, Naturheilverfahren und Ernährung, wobei ihr die Fachkenntnisse aus der Ausbildung und Prüfung zur staatlich anerkannten Heilpraktikerin zugutekommen. Weitere Interessengebiete sind Natur, Tiere und die ländlichen Bräuche und Traditionen ihrer norddeutschen Heimat. Anneke Fröhlich lebt auf dem Land nahe der schleswig-holsteinischen Ostseeküste.

Als Lektorin, Redakteurin und Autorin verschiedener Gartenbücher ist die diplomierte Agrarwissenschaftlerin **Christine Weidenweber** seit 1998 tätig. Ihre Schwerpunkte liegen dabei neben der Landwirtschaft vor allem im Gartenbau und der Ernährung. Seit vielen Jahren ist sie ehrenamtlich für den Deutschen Wetterdienst als phänologische Beobachterin im Spessart unterwegs. Aufgewachsen ist Christine Weidenweber auf einem bäuerlichen Betrieb in der Nähe von Kassel. In ihrer Kindheit und auch heute noch werden alte Bräuche in ihrem Elternhaus gepflegt.

Impressum

Bibliografische Information der Deutschen Nationalbibliothek

Die Deutsche Nationalbibliothek verzeichnet diese Publikation in der Deutschen Nationalbibliografie; detaillierte bibliografische Daten sind im Internet über http://dnb.d-nb.de abrufbar.

BLV Buchverlag
GmbH & Co. KG

80797 München

© 2014 BLV Buchverlag GmbH & Co. KG, München

Umschlagkonzeption: Kochan & Partner, München
Umschlagfotos:
Titelbild: Plainpicture/Folio Images/Peter Westrup
Rückseite: VRD – Fotolia.com (links);
StockFood/Richardson, Alan (Mitte);
MarkusBeck – Fotolia.com (rechts)

Lektorat: Katharina May
Herstellung: Angelika Tröger
Layoutkonzept Innenteil: griesbeck design, Dorothee Griesbeck
DTP: Satz+Layout Fruth GmbH, München

Gedruckt auf chlorfrei gebleichtem Papier

Printed in Germany
ISBN 978-3-8354-1174-6

Hinweis
Das vorliegende Buch wurde sorgfältig erarbeitet. Dennoch erfolgen alle Angaben ohne Gewähr. Weder Autorinnen noch Verlag können für eventuelle Nachteile oder Schäden, die aus den im Buch vorgestellten Informationen resultieren, eine Haftung übernehmen.

Weihnachten mit der Müllermeisterin

Annelie Wagenstaller
Plätzchen-Zeit!
Traditionell, besinnlich, stimmungsvoll: die ganze Weihnachtszeit mit Annelie Wagen-
staller – vom 1. Advent bis zu Heilig Drei König · Plätzchen-Rezepte von Anislaiberl bis
Zimtstern: Klassiker ebenso wie Insider-Variationen der Müllermeisterin · Geschichten,
Lieder und Brauchtum rund ums Fest.
ISBN 978-3-8354-1152-4